Rolf Marschner

# Psychisch Kranke im Recht

Dieses Buch wurde von Karl-Ernst Brill begründet und
über drei Auflagen im Psychiatrie-Verlag aktuell gehalten.
Ihm ist diese Neuausgabe gewidmet.

Rolf Marschner

# Psychisch Kranke im Recht

BALANCE ratgeber

Rolf Marschner
Psychisch Kranke im Recht
1. Auflage 2008
ISBN 978-3-86739-035-4

Die Deutsche Bibliothek verzeichnet diese Publikation in der Deutschen Nationalbibliografie; detaillierte bibliografische Daten sind im Internet über http://dnb.d-nb.de abrufbar.


Lektorat: BALANCE buch + medien
Umschlagkonzeption: p.o.l. kommunikation design, Köln
unter Verwendung eines Fotos von Graeme Whittle, istockphoto.com
Typografie und Satz: Iga Bielejec, Nierstein
Gesetzt in der Sabon in den Farbtönen HKS 40 und HKS 90
Druck und Bindung: CPI – Clausen & Bosse, Leck
Zum Schutz von Umwelt und Ressourcen wurde für dieses Buch FSC-zertifiziertes Papier verwendet:

FSC
Mix
Produktgruppe aus vorbildlich bewirtschafteten Wäldern und anderen kontrollierten Herkünften
www.fsc.org Zert.-Nr. GFA-COC-1223
© 1996 Forest Stewardship Council

Die Psychiatrie ist kein rechtsfreier Raum. Psychisch kranke Menschen haben grundsätzlich dieselben Rechte wie alle anderen Menschen auch. Insbesondere können sie sich auf die im Grundgesetz verankerten Grundrechte berufen und im Rahmen des Sozialstaats ihre sozialen Rechte wahrnehmen. Allerdings ist die seit Langem geforderte Gleichstellung psychisch kranker Menschen mit körperlich erkrankten Menschen im Sozialrecht immer noch nicht vollständig umgesetzt.

Bei der konkreten Umsetzung der Rechte psychisch kranker Menschen ist eine nur schwer zu überblickende Zahl von gesetzlichen Regelungen von Bedeutung. Dieses Buch gibt einen Überblick über die wichtigsten rechtlichen Bestimmungen und ist vor allem als Orientierungshilfe zu verstehen. Es will dabei psychisch kranke Menschen und alle, die sie dabei unterstützen, ermutigen, ihre Rechte einzufordern und durchzusetzen. Bei der Klärung rechtlicher Fragen im Einzelfall kann das Buch aber weder den Blick in Gesetzestexte, Verordnungen und Richtlinien noch eine Rechtsberatung ersetzen.

Die vorliegende Einführung wird ergänzt durch Hinweise auf spezielle Informationen zu den jeweiligen Rechtsbereichen. Am Ende des Buches finden sich darüber hinaus weitere, grundlegende Literaturempfehlungen. Zu vielen Rechtsbereichen gibt es bereits gute und allgemein verständliche Broschüren und Ratgeber. Daneben werden im »Wegweiser zu hilfreichen Informationen« Hinweise auf Stellen gegeben, bei denen vor Ort Informationen eingeholt werden können. Querverweise dienen dem Zweck, Bezüge zwischen den verschiedenen Rechtsgebieten herzustellen.

Zu beachten ist, dass sich rechtliche Regelungen ändern können. Vor allem der Bereich der Sozialgesetzgebung ist in den letzten Jahren durch Reformen und Änderungen geprägt, die auch für psychisch erkrankte Menschen von Bedeutung sind. In diesem Buch ist der Stand der Gesetzgebung vom März 2008 berücksichtigt. Bei der Geltendmachung von Rechtsansprüchen ist es daher wichtig zu prüfen, inwieweit die hier dargestellten rechtlichen Regelungen noch dem aktuellen Stand entsprechen.

Oft sind Rechtsansprüche – etwa auf Sozialleistungen oder zur Wahrung des Persönlichkeitsrechts – nur vor Gericht durchzusetzen. Da in diesen Fällen eine genaue Klärung der Situation und eine eingehende juristische Beratung erforderlich sind, ist auf die Inanspruchnahme professioneller Hilfe zu verweisen (→ S. 214 ff.).

*Rolf Marschner*
*München, im März 2008*

PS: Rückmeldungen und Anregungen für künftige Neuauflagen sind ausdrücklich erwünscht. Kontakt: info@balance-verlag.de

# Verzeichnis der Abkürzungen wichtiger Gesetze

## Bundesgesetze

| | |
|---|---|
| **AGG** | Allgemeines Gleichstellungsgesetz |
| **BGB** | Bürgerliches Gesetzbuch |
| **BGG** | Gesetz zur Gleichstellung behinderter Menschen – Behindertengleichstellungsgesetz |
| **BKGG** | Bundeskindergeldgesetz |
| **BtBG** | Betreuungsbehördengesetz |
| **EStG** | Einkommensteuergesetz |
| **FGG** | Gesetz über die Angelegenheiten der Freiwilligen Gerichtsbarkeit |
| **GG** | Grundgesetz |
| **HeimG** | Heimgesetz |
| **SGB I** | Sozialgesetzbuch Erstes Buch – Allgemeiner Teil |
| **SGB II** | Sozialgesetzbuch Zweites Buch – Grundsicherung für Arbeitsuchende |
| **SGB III** | Sozialgesetzbuch Drittes Buch – Arbeitsförderung |
| **SGB IV** | Sozialgesetzbuch Viertes Buch – Gemeinsame Vorschriften für die Sozialversicherung |
| **SGB V** | Sozialgesetzbuch Fünftes Buch – Gesetzliche Krankenversicherung |
| **SGB VI** | Sozialgesetzbuch Sechstes Buch – Gesetzliche Rentenversicherung |
| **SGB VII** | Sozialgesetzbuch Siebtes Buch – Gesetzliche Unfallversicherung |
| **SGB VIII** | Sozialgesetzbuch Achtes Buch – Kinder- und Jugendhilfe |

| | |
|---|---|
| **SGB IX** | Sozialgesetzbuch Neuntes Buch – Rehabilitation und Teilhabe behinderter Menschen (Teil 1: Regelungen für behinderte und von Behinderung bedrohte Menschen, Teil 2: Schwerbehindertenrecht) |
| **SGB X** | Sozialgesetzbuch Zehntes Buch – Verwaltungsverfahren |
| **SGB XI** | Sozialgesetzbuch Elftes Buch – Gesetzliche Pflegeversicherung |
| **SGB XII** | Sozialgesetzbuch Zwölftes Buch – Sozialhilfe |
| **StGB** | Strafgesetzbuch |
| **StPO** | Strafprozessordnung |
| **VBVG** | Vormünder- und Betreuervergütungsgesetz |
| **WoGG** | Wohngeldgesetz |

## Gesetze der Bundesländer

| | |
|---|---|
| **PsychKG** | Gesetz über Hilfen und Schutzmaßnahmen für psychisch Kranke |
| **UBG** | Unterbringungsgesetz |

# TEIL I Grundlagen

# Psychische Erkrankung und seelische Behinderung in gesetzlichen Regelungen

Die Antwort auf die Frage »Was ist eine psychische Erkrankung?« ist nicht nur medizinisch, sondern auch juristisch gesehen nicht einfach. So werden zwar in einzelnen Gesetzen die Begriffe »psychische Krankheit« oder »psychisch Kranke« ausdrücklich erwähnt, sie werden hier allerdings in der Regel nicht definiert. Diese fehlende Definition hat mehrere Gründe. Gerade der Begriff der »psychischen Krankheit« ist nicht frei von gesellschaftlichen Wertungen und Entwicklungen. So sind insbesondere die Grenzen zwischen der »psychischen Krankheit« und einem Verhalten, das von der Gesellschaft als normal angesehen wird, fließend. Durch die Weiterentwicklung der Diagnose- und Behandlungsmöglichkeiten unterliegt auch der medizinische Krankheitsbegriff einem fortlaufenden Wandel. Außerdem werden die Begriffe »Krankheit« und »Behinderung« von Ärzten und Juristen unterschiedlich verwendet und haben im Kontext der verschiedenen Gesetze (z. B. Sozialrecht einerseits, Unterbringungsrecht andererseits) eine jeweils spezifische Bedeutung, die zu beachten ist.

## Krankheit

Bei dem Begriff der »psychischen Krankheit« in gesetzlichen Regelungen handelt es sich um einen Rechtsbegriff und nicht um einen medizinischen Fachbegriff. Allerdings ist die Begrifflichkeit in den einzelnen Gesetzen uneinheitlich. In den von der Weltgesundheitsorganisation (WHO) mit der ICD-10 (International Classification of Diseases) vorgelegten klinisch diagnostischen Leitlinien, die in einer modifizierten Fassung die Grundlage für die Verschlüsselung von »Krankheiten« im deutschen Gesundheitswesen beinhalten, wird durchgängig der Begriff der »Störung« verwendet, »um den problematischen Gebrauch von Ausdrücken wie ›Krankheit‹ oder ›Erkrankung‹ weitgehend zu vermeiden« (Einleitung zur deutschen Ausgabe der Internationalen Klassifikation psychischer Störungen – ICD-10). Dabei wird ausdrücklich hervorgehoben, dass »Störung« kein exakter Begriff ist, sondern »einen klinisch erkennbaren Komplex von Symptomen oder Verhaltsauffälligkeiten anzeigen soll, der immer auf der individuellen und oft auch auf der Gruppen- oder sozialen Ebene mit Belastung und mit Beeinträchtigung von Funktionen verbunden ist, sich aber nicht auf der sozialen Ebene allein darstellt«.

**! Das Vorliegen einer Krankheit im Sinn der psychiatrischen Klassifikationssysteme wie des ICD-10 bedeutet nicht automatisch, dass auch eine Krankheit im Sinn der rechtlichen Vorschriften vorliegt.**

Bei der Auslegung ist der jeweilige Gesetzeszweck zu beachten. Im Sozialrecht geht es vor allem darum, das versicherte Risiko und die Voraussetzungen für die Leistungspflicht der Krankenkasse bzw. anderer Sozialleistungsträger zu definieren. Im Betreuungs- und Unterbringungsrecht geht es um die Festlegung der Eingriffsschwelle. Nach der Rechtsprechung des Bundes sozialgerichts ist Krankheit im Sinne der Gesetzlichen Krankenversicherung »ein regelwidriger körperlicher oder geistiger Zustand, der entweder Behandlungsbedürftigkeit oder Arbeitsunfähigkeit zur Folge hat«.

Eine weiter gehende Definition enthalten die Psychotherapie-Richtlinien vom 23. Oktober 1998, in denen seelische Krankheit verstanden wird als »krankhafte Störung der Wahrnehmung, des Verhaltens, der Erlebnisverarbeitung, der sozialen Beziehungen und der Körperfunktionen. Es gehört zum Wesen dieser Störungen, dass sie der willentlichen Steuerung durch den Patienten nicht mehr oder nur zum Teil zugänglich sind«. Im Betreuungs- und Unterbringungsrecht sowie im Strafrecht wird der Krankheitsbegriff dagegen enger gefasst, da es hier nicht um die Teilhabe an sozialen Leistungen, sondern um Eingriffe in die Rechte der Betroffenen geht.

## Behinderung

Bei dem Begriff der Behinderung handelt es sich wie bei dem Begriff der Krankheit um einen Rechtsbegriff, der im Behindertengleichstellungsgesetz (BGG) und im SGB IX (Rehabilitation und Teilhabe behinderter Menschen) wortgleich definiert wird: »Menschen sind behindert, wenn ihre körperliche Funktion, geistige Fähigkeit oder seelische Gesundheit mit hoher Wahrscheinlichkeit länger als sechs Monate von dem für das Lebensalter typischen Zustand abweicht und daher ihre Teilhabe am Leben in der Gesellschaft beeinträchtigt ist.«

Für den Zugang zu Leistungen der Rehabilitation und Teilhabe ist eine Voraussetzung, dass der Mensch behindert oder von einer Behinderung bedroht ist. Dabei gilt ein Mensch als von Behinderung bedroht, wenn die in der vorstehenden Definition beschriebene Beeinträchtigung zu erwarten ist. Der Begriff der seelischen Behinderung wird dabei in den sozialrechtlichen Regelungen nicht näher definiert. Eine Konkretisierung ist lediglich in der Eingliederungshilfe-Verordnung (VO nach § 60 SGB XII) zu finden, die in § 3 »seelisch wesentlich behinderte Menschen« anhand einer Aufzählung von Diagnosegruppen beschreibt. Demnach sind »seelische Störungen, die eine wesentliche Einschränkung der Teilhabefähigkeit« im Sinne des § 53 SGB XII »zur Folge haben können:

- körperlich nicht begründbare Psychosen,
- Folgen von Krankheiten oder Verletzungen des Gehirns, von Anfallsleiden oder von anderen Krankheiten oder körperlichen Beeinträchtigungen,
- Suchtkrankheiten,
- Neurosen und Persönlichkeitsstörungen«.

Bei der Definition der Behinderung im SGB IX wird auf die Begrifflichkeit der von der WHO entwickelten »Internationalen Klassifikation der Funktionsfähigkeit, Behinderung und Gesundheit (ICF)« zurückgegriffen, die ein umfassendes Konzept zur Beschreibung von Krankheitsfolgen enthält. Die ICF beschreibt Gesundheit (und mögliche Störungen) auf den Ebenen:

- der körperlich sowie geistig-psychischen Funktionen: Affektivität, Antrieb, Aufmerksamkeit, Ausdauer, emotionale Stabilität, Merkfähigkeit, Motivation, Orientierung, Selbstvertrauen, Selbstwertgefühl, Wahrnehmung u. a.;
- der Person als autonom handelndes Subjekt: Fähigkeiten zur zielgerichteten Ausführung von Aktivitäten, z. B. zur Bewältigung der Alltagsanforderungen, zur Erfüllung der beruflichen Anforderungen, zum Aufbau und zur Pflege sozialer Kontakte;
- der Person als Subjekt in Gesellschaft und Umwelt: Teilhabe an Ausbildung, am Arbeitsleben, am sozialen, kulturellen und sozialen Leben.

Diese drei Ebenen sowie persönliche und umweltbedingte Kontextfaktoren beeinflussen sich wechselseitig, was auch in der doppeldeutigen Begrifflichkeit »behinderter Mensch« zum Ausdruck kommt: der Mensch mit einer Behinderung (Beeinträchtigung) wie auch der Mensch, der durch gesellschaftliche Verhältnisse behindert wird.

Gerade für chronisch psychisch erkrankte Menschen und ihr Recht auf notwendige und angemessene Hilfe ist dieses Konzept von grundlegender Bedeutung und hat z. B. Niederschlag in der Neufassung der Richtlinien über die Verordnung häuslicher Krankenpflege (→ S. 86 ff.) gefunden, die sich jetzt nicht mehr ausschließlich an körperlichen, sondern auch an psychischen Beeinträchtigungen orientieren. Inzwischen hat sich ein mehrdimensionales Krankheitskonzept durchgesetzt, wonach die Entstehung und vor allem auch der Verlauf einer psychischen Erkrankung durch das Zusammenwirken von biologischen, psychischen und sozialen Faktoren beeinflusst werden. Nun gilt es, diesem auch durchgängig bei der Organisation und Erbringung von Hilfen in der Praxis Rechnung zu tragen, um den besonderen Bedürfnissen psychisch kranker und seelisch behinderter Menschen zu entsprechen, wie es in §§ 27 Abs. 1 Satz 3 SGB V, 10 Abs. 3 SGB IX ausdrücklich vorgeschrieben ist.

## Schwerbehinderung

Als »schwerbehindert« definiert das SGB IX Menschen, bei denen ein Grad der Behinderung von mindestens 50 vorliegt. Beträgt der Grad weniger als 50, aber wenigstens 30, können behinderte Menschen schwerbehinderten Menschen gleichgestellt werden, wenn sie infolge ihrer Behinderung ohne Gleichstellung einen geeigneten Arbeitsplatz nicht erlangen oder behalten können (§ 2 Abs. 2 u. 3 SGB IX).

Die Feststellung der Schwerbehinderteneigenschaft erfolgt in einem ärztlichen Begutachtungsverfahren durch das Versorgungsamt, wobei sich der Grad der Behinderung bei psychischen Störungen anders als bei vielen Sinnes- oder Körperbehinderungen nicht eindeutig messen lässt und sich vor allem nach der Ausprägung sozialer Anpassungsschwierigkeiten richtet (Schwerbehindertenrecht → S. 161 ff.).

## Benachteiligungsverbot und Gleichstellungsgesetz

Die im Grundgesetz (Art. 3 Abs. 3 Satz 2 GG) geregelte Gleichheit aller Menschen vor dem Gesetz wurde 1994 um ein Benachteiligungsverbot ergänzt:

**! »Niemand darf wegen seiner Behinderung benachteiligt werden.«**

Zur Konkretisierung dieses Verfassungsgrundsatzes und zur Durchsetzung der Gleichstellung behinderter Menschen ist zum 1. Mai 2002 das Behindertengleichstellungsgesetz (BGG) in Kraft getreten. Ziel des Gesetzes ist, »die Benachteiligung von behinderten Menschen zu beseitigen und zu verhindern sowie die gleichberechtigte Teilhabe von behinderten Menschen am Leben in der Gesellschaft zu gewährleisten und ihnen eine selbstbestimmte Lebensführung zu ermöglichen. Dabei wird besonderen Bedürfnissen Rechnung getragen« (§ 1 BGG).

Ein Schlüsselbegriff ist dabei die – auch im SGB IX enthaltene – Anforderung der Barrierefreiheit, die wie folgt definiert wird: § 4 BGG: »Barrierefrei sind bauliche und sonstige Anlagen,

Verkehrsmittel, technische Gebrauchsgegenstände, Systeme der Informationsverarbeitung, akustische und visuelle Informationsquellen und Kommunikationseinrichtungen sowie andere gestaltete Lebensbereiche, wenn sie für behinderte Menschen in der allgemein üblichen Weise, ohne besondere Erschwernis und grundsätzlich ohne fremde Hilfe zugänglich und nutzbar sind.«

In der Begründung zu dieser Regelung wird ausgeführt, dass Barrierefreiheit die Begriffe »behindertengerecht« und »behindertenfreundlich« ablöst, »die in der Kombination von ›behindert‹ und ›gerecht‹ oder ›freundlich‹ falsche Assoziationen der besonderen Zuwendung zu behinderten Menschen auslösen können«.

In diesem Kontext findet sich auch der Hinweis, dass »den besonderen Belangen seelisch- und geistig- sowie lernbehinderter Menschen Rechnung zu tragen« ist. Während für Menschen mit körperlicher Behinderung oder einer Sinnesbehinderung (Blinde, Gehörlose) konkrete Regelungen getroffen wurden, etwa zum Abbau von Barrieren in den Bereichen Bau und Verkehr und zur Einführung von Kommunikationshilfen (z.B. Gebärdensprachdolmetscher für gehörlose Menschen), ergeben sich aus dem Gesetz aber keine Anhaltspunkte, durch welche Maßnahmen und Hilfen den besonderen Bedürfnissen seelisch behinderter Menschen entsprochen werden könnte.

Zu den bisher nicht gelösten Problemen gehörte die Diskriminierung von Menschen mit psychischen Erkrankungen im Zivil- und Arbeitsrecht. Insbesondere im Versicherungsvertragsrecht schlossen Versicherungsgesellschaften in ihren Versicherungsbedingungen häufig Menschen mit einer psychischen Erkrankung pauschal vom Vertragsabschluss aus. Nach dem Allgemeinen Gleichstellungsgesetz (AGG) vom 14.8.2006 kann die Verweigerung des Vertragsabschlusses nicht mehr mit dem Vorliegen einer Behinderung begründet werden. Eine unterschiedliche Behandlung kann sich dann nur noch aus einer auf versicherungsmathematischen und statistischen Daten beruhenden Risikobewertung ergeben.

**INFO** Informationen zum Gleichstellungsgesetz gibt es beim Beauftragten der Bundesregierung für die Belange behinderter Menschen (siehe Adressen). Neben dem BGG gibt es jeweils auch noch landesrechtliche Regelungen. Informationen hierzu sind bei den Behindertenbeauftragten der Länder erhältlich. ■

Aus dem Grundrecht auf freie Entfaltung der Persönlichkeit nach Art. 2 Abs. 1 GG leitet sich unter anderem das Recht auf Selbstbestimmung ab. Dies bedeutet:

**! Jeder Bürger entscheidet selbst, ob, wann und in welchem Umfang er Hilfe in Anspruch nehmen will.**

Dies ist wichtig vor allem bei der ärztlichen und insbesondere psychiatrischen Behandlung, heißt es doch, dass

- die Erbringung von Hilfen im Recht der Rehabilitation und Teilhabe jeweils nur mit Zustimmung des Betroffenen zulässig ist (§ 9 Abs. 4 SGB IX),
- jeder Bürger selbst über den Umgang mit seinen persönlichen Daten und Informationen entscheiden kann.

## Einwilligung und Aufklärung bei ärztlicher Behandlung

Aus dem Selbstbestimmungsrecht und dem Grundrecht auf körperliche Unversehrtheit (Art. 2 Abs. 2 Satz 1 GG) ergibt sich, dass jede Heilbehandlung der Einwilligung durch den Betroffenen bedarf. Eine ohne Einwilligung des Betroffenen durchgeführte Behandlungsmaßnahme ist im juristischen Sinne eine Körperverletzung und damit strafbar. Sie kann außerdem zu Schadensersatzansprüchen gegen den Arzt führen. Ausnahmen bestehen im Fall der Notfallversorgung, wenn eine Einwilligung des Patienten nicht möglich ist, sowie ausnahmsweise, wenn die Voraussetzungen für eine Zwangsbehandlung erfüllt sind.

**! Voraussetzung für eine wirksame Einwilligung durch den Betroffenen ist die Einwilligungsfähigkeit und die Aufklärung über Diagnose, mögliche Behandlungsmethoden und deren Risiken sowie über die Risiken der Nichtbehandlung.**

Einwilligungsfähigkeit liegt vor, wenn der Betroffene Art, Zweck und Folgen der Behandlung bzw. Nichtbehandlung verstehen und seine Entscheidung danach richten kann.

Dies gilt auch für psychisch kranke Menschen. Bei der Entscheidung ist nicht darauf abzustellen, was aus Sicht des Arztes objektiv vernünftig ist, sondern auf das subjektive Wertesystem des Patienten und seine Erfahrungen insbesondere mit psychiatrischen Behandlungen.

Gerade im psychiatrischen Bereich wird von Betroffenen wie auch deren Angehörigen beklagt, dass die gebotene Aufklärung nicht, unzureichend oder erst auf gezielte Nachfrage erfolgt, insbesondere was Sinn und Zweck der medikamentösen Behandlung sowie mögliche Nebenwirkungen von Psychopharmaka angeht. Eine unzureichende oder unvollständige ärztliche Information und Aufklärung ist aber immer ein Verstoß gegen das Selbstbestimmungsrecht der Patientinnen und Patienten. Die Aufklärungspflicht erstreckt sich auf alle Behandlungsmaßnahmen, also im psychiatrischen Bereich nicht nur auf medikamentöse und körperbezogene Behandlungsverfahren, sondern in gleicher Weise auch auf die Psychotherapie.

Ein Eingriff in das Selbstbestimmungsrecht und die Grundrechte der Betroffenen darf nur auf der Grundlage gesetzlicher Regelungen erfolgen. Für psychisch kranke Menschen sind dabei vor allem die Ländergesetze zur Unterbringung und zu Hilfen und Schutzmaßnahmen für psychisch Kranke (→ PsychKG,

S. 199 ff.) sowie das Betreuungsrecht (→S. 172 ff.) von Bedeutung, die unter jeweils besonderen Voraussetzungen auch die Durchführung von Zwangsmaßnahmen ohne Zustimmung der betroffenen Person ermöglichen.

**INFO** Eine allgemein verständliche Zusammenfassung der derzeit geltenden Rechte von Patienten enthält die »Patientencharta: Patientenrechte in Deutschland«. Sie ist im Internet verfügbar auf der Homepage des Bundesministeriums der Justiz (www.bmj.bund.de) und des Bundesministeriums für Gesundheit (www.bmg.bund.de). ■

Der nachfolgende Leitfaden enthält beispielhaft die Fragen, die im Rahmen eines Informations- und Aufklärungsgesprächs zu klären sind. Da Ärzten bei der Durchführung, Verordnung oder Beantragung sowie bei der Begutachtung von Behandlungs- und Rehabilitationsmaßnahmen eine Schlüsselstellung zukommt, bietet er vor allem Orientierung für das Arztgespräch. Der Leitfaden kann aber grundsätzlich auch für ein Gespräch über andere Hilfeangebote genutzt werden (z. B. bei der Erstellung eines Gesamtplans im Rahmen der Eingliederungshilfe oder bei der Frage der Erforderlichkeit einer Betreuung).

### Leitfaden für ein Gespräch über geplante Behandlungsmaßnahmen und Hilfen

**Problemdefinition**

Genaue Problembeschreibung aus Sicht des Betroffenen, aus fachlicher Sicht, ggf. auch aus Sicht von Angehörigen und Bezugspersonen

- Welche Symptome liegen vor, wie wirken sie sich auf den Lebensalltag und auf die soziale Situation aus?
- Wie sehen wahrscheinliche und mögliche Verlaufsformen der Erkrankung aus?
- Welche Behandlungs-, Rehabilitations- und Hilfemöglichkeiten gibt es?

**Diagnose**

Ausschluss anderer Erkrankungen und Klärung der Krankheitsgeschichte

- Sind weitere Untersuchungen und Beobachtungen erforderlich? Welche Risiken sind damit verbunden?
- Welche weiteren (früheren) Erkrankungen und Behandlungserfahrungen sind bekannt?
- Was ist davon für die aktuelle Situation wichtig?
- Was ist über die Medikamentenanamnese bekannt (z. B. Dauereinnahme von Medikamenten mit Abhängigkeitspotenzial, frühere Nebenwirkungen, Allergien, Unverträglichkeiten)?

**Ziele**

Abstimmung der Ziele zwischen Betroffenem und den Fachkräften, ggf. unter Einbeziehung von Angehörigen und Bezugspersonen

- Was soll Ziel der Behandlung bzw. der Hilfen sein?
- Welches Ziel ist vorrangig und welches nachrangig?
- Lassen sich Teilziele benennen, die in einem überschaubaren Zeitraum erreicht werden sollen?
- Welche grundlegenden Ziele sind dabei zu berücksichtigen (z. B. Erhalt der eigenen Wohnung und Verbleiben in der gewohnten Umgebung)?
- Erarbeitung realistischer Ziele

**Maßnahmen**

Planung und Organisation der Hilfen

- Wie soll die Behandlung aussehen und wie lange soll sie dauern?
- Welche Maßnahmen sind zur Erreichung der Ziele vorrangig und welche nachrangig?
- Welche Alternativen bestehen?
- Welche Risiken der Behandlung bestehen?
- Wie häufig treten die Risiken auf?
- Welche Kontrollen und Vorsichtsmaßnahmen gibt es?
- Wer soll im Risikofall hinzugezogen werden?
- Wie wird der wahrscheinliche Krankheitsverlauf aussehen, wenn die vorgeschlagene Behandlung nicht erfolgt?
- Welche Möglichkeiten bestehen für den Betroffenen, Einfluss auf die Gestaltung der Hilfen zu nehmen?
- Wer trägt die Kosten für die Hilfen?

**Ergebniskontrolle**

Überprüfung der Wirksamkeit der Hilfen

- Wie und wann soll die Kontrolle erfolgen?
- Wer ist daran beteiligt?
- Woran soll der Erfolg gemessen werden?

Bei einer schweren oder chronisch verlaufenden psychischen Erkrankung müssen meistens verschiedene Hilfeangebote nacheinander, teilweise auch nebeneinander in Anspruch genommen werden. Ein Problem stellt dabei vielfach die Abstimmung der Hilfeangebote dar. Hierzu wurde von einer Expertenkommission ein Verfahren zur Erarbeitung eines »Integrierten Behandlungs- und Rehabilitationsplans« (IBRP) entwickelt, der unter anderem die in dem vorstehenden Leitfaden angeführten Aspekte ausführlich berücksichtigt.

**INFO** Die Kurzfassung des Berichts, die auch die Bögen zur Hilfeplanung enthält, ist erschienen als: Aktion Psychisch Kranke (Hg.): Personenzentrierte Hilfen in der psychiatrischen Versorgung. Bonn 2005. ■

## Freie Wahl von Hilfeangeboten

Grundsätzlich kann jeder kranke Mensch zwischen den zur Verfügung stehenden Hilfeangeboten frei wählen. Dass schließt entsprechend den Regelungen der Gesetzlichen Krankenversicherung (§ 76 SGB V) das Recht auf freie Arztwahl ein:

**! Der Krankenversicherte hat das Recht, den zur vertragsärztlichen Versorgung zugelassenen oder zur Teilnahme ermächtigten Arzt frei zu wählen.**

Dieser Grundsatz gilt auch, wenn ein Hilfeangebot (z.B. ein Wohnheim) genutzt wird, das durch einen Arzt betreut wird. Ist im Betreuungs- oder Heimvertrag eine Regelung enthalten, die dazu verpflichten soll, sich durch den Konsiliararzt untersuchen und behandeln zu lassen, verstößt diese Festlegung gegen das Recht auf freie Arztwahl und ist unzulässig.

Im Krankenhaus wie auch bei der Behandlung in Rehabilitationseinrichtungen gilt das Recht der freien Arztwahl nicht. Hier muss man sich durch den jeweils »zuständigen« Arzt behandeln lassen. Für den Bereich der Krankenhausbehandlung besteht lediglich ein Wahlrecht hinsichtlich des Krankenhauses, in dem die Behandlung durchgeführt werden soll. Voraussetzung ist, dass einerseits die Krankenhausbehandlung notwendig und andererseits das Krankenhaus zugelassen ist. Wenn man sich direkt an ein Krankenhaus wendet, ist von diesem zu prüfen, ob eine Aufnahme erforderlich oder eine ambulante Behandlung ausreichend ist. Der Grundsatz der freien Klinikwahl gilt nicht bei Zwangseinweisungen. Hier erfolgt regelmäßig die Aufnahme in die für die Region zuständige psychiatrische Klinik.

Auch bei anderen Hilfeangeboten aus dem Bereich der psychiatrischen Versorgung besteht in der Regel ein Wahlrecht der Betroffenen. Im Bereich der Leistungen zur Rehabilitation und Teilhabe ist dieses teilweise eingeschränkt hinsichtlich der Entscheidung über Art und Form der Leistung. Dies kann auch die Auswahl der Rehabilitationseinrichtung betreffen.

---

**! Bei der Entscheidung des Leistungsträgers ist den Wünschen eines Leistungsberechtigten zu folgen, soweit diese angemessen bzw. berechtigt sind.**

Entsprechende Regelungen sind im Allgemeinen Teil des Sozialgesetzbuchs (§ 33 SGB I), im Bereich der Rehabilitation und Teilhabe behinderter Menschen (§ 9 Abs. 1 SGB IX) und auch im Sozialhilferecht (§ 9 Abs. 2 SGB XII: soweit nicht unverhältnismäßige Mehrkosten entstehen) zu finden.

Die aktive Nutzung von Wahlmöglichkeiten setzt voraus, dass die Möglichkeit zur Auswahl zwischen verschiedenen Hilfeangeboten besteht und Informationen über die Angebote verfügbar sind. Hier kann man sich an die zuständigen Auskunftsstellen und Rehabilitationsträger wenden (→ Anhang, S. 224).

Bei der Suche nach dem richtigen Hilfeangebot kann der Sozialpsychiatrische Dienst helfen, der organisatorisch zumeist dem Gesundheitsamt angegliedert ist (Ausnahme: Baden-Württemberg und Bayern, wo diese Aufgabe von freien Trägern übernommen wird). In vielen Regionen gibt es inzwischen »Psychosoziale Adressbücher«, die einen Überblick über örtlich vorhandene Hilfeangebote geben. Die Krankenkassen verfügen über Verzeichnisse von Behandlungs- und Rehabilitationsangeboten bei denen die Kosten von der Krankenkasse übernommen werden. Über Leistungen zur Teilhabe am Arbeitsleben und wohnortnahe Hilfeangebote informieren die Arbeitsagenturen. Schwerbehinderte Menschen können sich auch direkt an einen Integrationsfachdienst wenden.

**! Das Recht auf Information über das Hilfeangebot beinhaltet auch die Aufklärung über mögliche Kosten für den Betroffenen.**

Der Betroffene sollte wissen, ob er z. B. zu den Betreuungskosten herangezogen wird oder ob etwa Hilfeleistungen und Unterkunft verknüpft sind.

Ausdrücklich geregelt ist eine Informationspflicht im Heimrecht. Danach hat der Träger eines Heims vor Abschluss des Heimvertrages schriftlich über den Vertragsinhalt zu informieren. Im Vertrag müssen unter anderem die Leistungen des Heims nach Art, Inhalt und Umfang von Unterkunft, Verpflegung und Betreuung beschrieben und die hierauf entfallenden Entgelte angegeben werden.

## Vorausverfügungen und Vollmachten

Besondere Bedeutung zur Wahrnehmung des Selbstbestimmungsrechts kommt den sogenannten Vorausverfügungen (Betreuungs- und Patientenverfügungen) sowie den Vorsorgevollmachten zu. Die bekannteste und weitverbreitete Form der Vorausverfügung ist das Testament, in dem man seinen »Letzten Willen« für den Fall des Todes äußert. Im Vergleich hierzu erlangen andere – nicht weniger wichtige – Formen der Vorausverfügung für den Fall der Hilfs- oder Behandlungsbedürftigkeit erst in letzter Zeit mehr Bekanntheit und Verbreitung.

Hierzu hat beigetragen, dass die Bedeutung dieser Vorausverfügungen durch die Gesetzgebung gestärkt wurde: So sieht das Betreuungsrecht ausdrücklich die Möglichkeit vor, Vorausverfügungen für den Fall der Betreuungsbedürftigkeit zu treffen (Betreuungsverfügung). Es hat auch die Handlungsmöglichkeiten von Bevollmächtigten erweitert, die nun stellvertretend in Behandlungs- und Unterbringungsmaßnahmen einwilligen können. Der Gesetzgeber plant außerdem die Einführung einer ausdrücklichen gesetzlichen Grundlage für die Patientenverfügung im Betreuungsrecht.

Daneben wird in den Landesgesetzen über Hilfen und

Schutzmaßnahmen für psychisch kranke Menschen (PsychKG) ausdrücklich darauf hingewiesen, dass auch die vorab in Patientenverfügungen formulierten Wünsche zu beachten sind. Das 1995 von Rheinland-Pfalz erlassene PsychKG gehörte zu den ersten: »Den Wünschen der psychisch kranken Person soll so weit wie möglich Rechnung getragen werden. Dies gilt auch für Wünsche, die sie vor Beginn der Maßnahme geäußert hat, es sei denn, sie will erkennbar hieran nicht festhalten.« (§ 2 PsychKG Rheinland-Pfalz). Das im Jahr 2000 novellierte PsychKG von Schleswig-Holstein berücksichtigt in § 1 Abs. 3 ausdrücklich Patientenverfügungen und das Ende 1999 neu gefasste PsychKG Nordrhein-Westfalen nennt in § 2 die Behandlungsvereinbarungen.

**TIPP** **Wer umfassend von seinem Selbstbestimmungsrecht Gebrauch machen und Vorsorge für den Fall treffen will, dass er eigene Angelegenheiten nicht mehr selbst wahrnehmen kann, sollte über eine Patientenverfügung, eine Betreuungsverfügung sowie über die Einsetzung eines Bevollmächtigten nachdenken.**

In den letzten Jahren sind verschiedene Formen von Vorausverfügungen entwickelt worden, die sich speziell auf den Fall der psychiatrischen Behandlung beziehen. Zu unterscheiden sind dabei einseitige Willenserklärungen wie die Patientenverfügung und gemeinsam mit einer Einrichtung erarbeitete Vereinbarungen für künftige Behandlungssituationen wie die Behandlungsvereinbarung.

Die erste speziell für den Fall einer psychiatrischen Behandlung entwickelte Form der Vorausverfügung ist das Psychiatrische Testament, das auf die Initiative des amerikanischen Psychiaters Thomas S. Szasz zurückgeht und das zahlreiche örtliche Initiativen anregte, weitere Muster für Patientenverfügungen zu entwickeln.

Eine solche Patientenverfügung richtet sich an die behandelnden Ärzte und kann unerwünschte fürsorgliche Eingriffe abwehren. Im Fall einer psychiatrischen Behandlung können z. B. bestimmte Behandlungsformen ausgeschlossen werden wie die Elektrokrampftherapie (EKT) oder bestimmte pharmakologische Therapien.

**! Vorausverfügungen sind im Falle einer psychiatrischen Behandlung nach heutiger Rechtsauffassung zu beachten, wenn**

- **der Betroffene bei der Erklärung als einsichts- und entscheidungsfähig anzusehen war,**
- **er hinreichend konkret beschrieben hat, für welchen Fall seine Erklärung wirksam werden soll, und**
- **die Erklärung hinreichend bestimmt und individuell verfasst ist.**

Es sollte somit aus der Vorausverfügung erkennbar sein, dass eine eingehende Auseinandersetzung mit der Erkrankung und vor allem mit den in Betracht kommenden Behandlungsmöglichkeiten und deren Wirkungen und Nebenwirkungen erfolgt ist. Eine pauschale und nicht begründete Ablehnung der Behandlung mit Psychopharmaka erfüllt diese Voraussetzung z. B. nicht. Vielmehr muss ersichtlich sein, dass die Ablehnung der Behandlung mit Psychopharmaka bzw. mit bestimmten Medikamenten bewusst und auf der Grundlage eingehender Information erfolgt ist.

**TIPP** **Weil sich eigene Einstellungen wie auch Behandlungsverfahren im Lauf der Zeit ändern können, sollte eine Patientenverfügung regelmäßig überprüft und gegebenenfalls aktualisiert werden – mit einem entsprechenden Vermerk.**

Ferner sollte sie jederzeit verfügbar sein, damit die Behandlungswünsche in einer Krisensituation beachtet werden können.

Eine knappe und praktikable Lösung der Patientenverfügung stellt der in München entwickelte Krisenpass für Menschen mit Psychoseerfahrung dar, der auch gut auf andere Erkrankungen mit bekannter Rückfallgefahr übertragen werden kann. Er hat das Format eines Personalausweises, sodass man ihn immer bei sich tragen kann. Der Krisenpass enthält folgende Informationen bzw. Hinweise:

- Personalien, Krankenkasse;
- ob und mit welcher Einrichtung eine Behandlungsvereinbarung abgeschlossen worden ist;
- welche Medikation in Krisen erfahrungsgemäß hilfreich ist;
- mit welchen Medikamenten schlechte Erfahrungen vorliegen;
- aktuelle Medikation;
- welche Personen im Krisenfall benachrichtigt werden sollen;
- weitere Wünsche an die Behandlung und Hinweise auf weitere Erkrankungen, Allergien etc.

Neben den Patientenverfügungen, die eine einseitig abgegebene Willenserklärung sind, finden im Bereich der Psychiatrie zunehmend Behandlungsvereinbarungen Verbreitung.

## Behandlungsvereinbarung

Hier wird für den Fall einer künftigen stationären Behandlung vorab mit der Klinik der Behandlungsrahmen abgesteckt. Die Vereinbarung enthält unter anderem Angaben über gegebenenfalls durchzuführende wie auch nicht durchzuführende Behandlungsmaßnahmen und benennt einzubeziehende Vertrauenspersonen. Auch in den vorgenannten Vorausverfügungen ist zumeist, eine Vertrauensperson anzugeben, die im Krisenfall benachrichtigt werden soll und der eine Vollmacht erteilt werden kann, in medizinische Behandlungsmaßnahmen einzuwilligen.

## Vollmacht

Einer geeigneten Vertrauensperson Vollmacht zu erteilen, ist eine wichtige Möglichkeit unter bestimmten Voraussetzungen die Bestellung eines Betreuers durch das Gericht zu vermeiden (→ S. 174 ff.).

In einer Betreuungsverfügung (→ S. 178 f.) kann eine Person benannt werden, die im Fall einer Betreuerbestellung rechtlicher Betreuer werden soll, und es können Wünsche für die Tätigkeit des Betreuers niedergelegt werden.

Bei der Erteilung einer Vollmacht sind folgende Punkte zu beachten: Bei der Erteilung der Vollmacht muss der Betroffene einwilligungs- und geschäftsfähig sein. Die Erteilung einer Vollmacht bedarf zwar grundsätzlich keiner bestimmten Form – auch eine mündlich erteilte Vollmacht ist wirksam –, da jedoch eine mündlich erteilte Vollmacht nicht ohne Weiteres überprüfbar ist, verlangen Behörden, Banken und soziale Dienste in der

Regel eine schriftliche Vollmacht. Diese sollte nach Möglichkeit durch einen Dritten beurkundet sein.

**TIPP** Eine Beurkundung kann nicht nur durch einen Notar, sondern gegen eine Gebühr von 10 Euro auch von der örtlichen Betreuungsbehörde vorgenommen werden.

Außerdem ist zu beachten, dass insbesondere Banken Vollmachten in der Regel nur dann problemlos anerkennen, wenn diese auf einem entsprechenden Vordruck der jeweiligen Bank erstellt und in der Bank unterzeichnet wurden.

Teilweise wird empfohlen, für den Fall, dass die bevollmächtigte Person nicht erreichbar oder nicht mehr bereit oder in der Lage ist, die übertragene Aufgabe wahrzunehmen, eine oder mehrere weitere Personen zu benennen. In diesen Fällen ist zu berücksichtigen, dass unterschiedliche Personen auch unterschiedliche Auffassungen vertreten können und es zu Konflikten zwischen den Bevollmächtigten kommen kann. Wird also mehr als einer Person Vollmacht erteilt, sollte eine eindeutige Reihenfolge vorgegeben werden.

Neben der Vertrauenswürdigkeit der bevollmächtigten Person ist zu beachten, dass sie auch für die ihr übertragenen Aufgaben geeignet sein muss, bei Vermögensangelegenheiten keine eigenen Interessen verfolgt und entsprechende Erfahrungen und Kenntnisse hat.

Während es bei einer Patientenverfügung üblich ist, bestimmte Bedingungen für das Wirksamwerden einer Vollmacht zu definieren (z. B. für den Fall, dass infolge einer psychischen Erkrankung eine Einwilligung in Behandlungsmaßnahmen nicht gegeben werden kann), sollte eine Vollmacht ohne solche einschränkenden Bedingungen formuliert werden, da diese von Dritten nicht kontrolliert werden können und die Vollmacht damit praktisch wertlos wird. Vor diesem Hintergrund erlangt die Berücksichtigung des möglichen Missbrauchs – vor allem in Hinblick auf Geld- und Vermögensangelegenheiten – besondere Bedeutung. Bei der Erteilung der Vollmacht ist sorgfältig abzuwägen, für welche Aufgabenbereiche sie gelten soll.

Nachdem es früher umstritten war, ob bei höchstpersönlichen Entscheidungen wie etwa der Zustimmung oder Ablehnung bei medizinischen Untersuchungs- und Behandlungsmaßnahmen die Erteilung einer Vollmacht rechtlich zulässig ist, ist dies nun gesetzlich ausdrücklich vorgesehen (§§ 1904 Abs. 2, 1906 Abs. 5 BGB). Voraussetzung ist allerdings in diesem Fall, dass die Vollmacht schriftlich erteilt wird und die Maßnahmen in der Vollmacht ausdrücklich aufgeführt werden.

Bei weitreichenden Eingriffen in die Persönlichkeitsrechte können Bevollmächtigte nicht in eigener Verantwortung entscheiden, sondern müssen – ebenso wie ein rechtlicher Betreuer – die Genehmigung des Vormundschaftsgerichts einholen (→ S. 181 ff.). Dies gilt für

- eine Heilbehandlung oder einen ärztlichen Eingriff, z. B. wenn die begründete Gefahr besteht, dass der Betreute aufgrund der Maßnahme einen schweren und länger dauernden gesundheitlichen Schaden erleidet oder stirbt (§ 1904 BGB);
- eine mit Freiheitsentziehung verbundene Unterbringung sowie die freiheitsentziehenden Maßnahmen (§ 1906 BGB).

**TIPP** **Wie auch die anderen Vorausverfügungen sollte die Vollmacht so aufbewahrt werden, dass sie im Bedarfsfall zugänglich ist.**

Die Bundesnotarkammer hat ein zentrales Vorsorgeregister eingerichtet, wo alle Vorausverfügungen und Vollmachten hinterlegt werden können (www.vorsorgeregister.de).

**INFO** Bayerisches Staatsministerium der Justiz (Hg.): Vorsorge für Krankheit, Unfall und Alter durch Vollmacht, Betreuungsverfügung, Patientenverfügung. München 2007.
Mit einer Einführung und Mustern.

Betreuungsstelle Frankfurt/Main (Hg.): Vorsorgevollmacht und Betreuungsverfügung. 3. Aufl. Frankfurt/Main 2002.
Informationsbroschüre zu Vorsorgemöglichkeiten mit Mustern und Formulierungsvorschlägen.

Bauer, A.; Klie, T.: Patientenverfügungen/Vorsorgevollmachten – richtig beraten? 2. Aufl. Heidelberg 2005.
Mit Mustertexten, Gerichtsentscheidungen und Empfehlungen der Bundesärztekammer.

Jacobi, T.; May, A. T.; Kielstein, R.; Bienwald, W. (Hg.): Ratgeber Patientenverfügung. Vorgedacht oder selbstverfasst? 4. Aufl. Münster 2004.
Ein Wegweiser, in dem zahlreiche Muster dokumentiert, Formulierungsvorschläge für eine individuelle Verfügung sowie eine Liste mit 150 Verfügungen mit Bezugsquellen enthalten sind. Eine aktuelle Fassung der Liste befindet sich im Internet unter: www.Medizinethik-Bochum.de/verfuegungen.htm.

Knuf, A.; Gartelmann, A.: Bevor die Stimmen wiederkommen – Vorsorge und Selbsthilfe bei psychotischen Krisen. 6. Aufl., Bonn 2006.
In dem Band ist unter anderem der Krisenpass abgedruckt, der, wie die Bielefelder Behandlungsvereinbarung, aber auch im Internet heruntergeladen werden kann unter
www.psychiatrie.de/download/materialien

Lehmann, P.; Stastny, P. (Hg.): Statt Psychiatrie 2. Berlin 2007. Das Buch über Alternativen zur institutionellen Psychiatrie in aller Welt enthält auch zwei Beiträge zu Vorausverfügungen. ■

## Das Recht auf informationelle Selbstbestimmung

### Datenschutz und Schweigepflicht

Ein weiterer hinsichtlich des Persönlichkeitsrechts wichtiger Bereich betrifft den Umgang mit und die Weitergabe von personenbezogenen Informationen.

Grundsätzlich hat jeder das Recht, selbst zu bestimmen, wem er welche Informationen über sich zukommen lässt.

Diesem Grundsatz stehen allerdings Auskunfts- und Mitwirkungspflichten gegenüber, denen man nachkommen muss, wenn man bestimmte Sozialleistungen in Anspruch nehmen will.

Deutlich wird dies, wenn für bestimmte Leistungen Antragsformulare auszufüllen sind oder z. B. bei Anträgen auf Rehabilitations- bzw. Teilhabeleistungen sozialmedizinische Gutachten eingeholt werden. Wird die Mitwirkung ohne berechtigte Gründe abgelehnt, kann diese zwar nicht erzwungen werden, in der Regel wird aber die beantragte Leistung wegen fehlender Mitwirkung versagt. Der Hinweis darauf, wer bzw. welche Stelle diese Daten erhält oder gegebenenfalls erhalten kann, ist häufig im »Kleingedruckten« von Anträgen enthalten.

Gerade im psychiatrischen Bereich, in dem sehr persönliche Informationen und Angaben weitergegeben und dokumentiert werden, ist es von grundlegender Bedeutung, dass sowohl die datenschutzrechtlichen Bestimmungen wie vor allem auch die

Verpflichtung zur Verschwiegenheit (§ 203 StGB) beachtet werden und eine Weitergabe von personenbezogenen Informationen nur mit Zustimmung der betroffenen Person erfolgt. Die Schweigepflicht gilt dabei gegenüber allen Dritten – dies sind neben anderen Personen auch andere Einrichtungen und Dienste.

**TIPP** **Bei der Inanspruchnahme eines psychiatrischen Hilfeangebotes sollte man sich – sofern nicht von den Mitarbeitern eine entsprechende Information gegeben wird – gezielt danach erkundigen, welche Daten erhoben, dokumentiert und gegebenenfalls weitergegeben werden, z. B. an Krankenversicherung, Rentenversicherung, Arbeitsagentur, Sozialhilfeträger oder auch an den Hausarzt.**

Zudem sollte man sich nach dem Umgang mit Daten in einer Einrichtung selbst erkundigen, beispielsweise nach der Weitergabe von Informationen im Rahmen von Supervision und Fallbesprechungen.

Die Weitergabe von persönlichen Informationen über Klienten im Rahmen von Fallbesprechungen in einer Einrichtung entspricht der gängigen Praxis, aber auch hierfür ist grundsätzlich die Zustimmung der Betroffenen einzuholen. Dieser Aspekt ist vor allem von Bedeutung, wenn einem bestimmten Mitarbeiter, zu dem ein Vertrauensverhältnis besteht, persönliche Erfahrungen oder Erlebnisse im Vertrauen auf dessen Verschwiegenheit mitgeteilt werden. Gibt der Mitarbeiter diese Informationen ohne ausdrückliche Zustimmung weiter, macht er sich wegen Verletzung der Schweigepflicht strafbar. Eine Weitergabe von Informationen ist nur zur Abwehr akuter Gefahrensituationen (z. B. bei Suizidgefahr) zulässig (§ 34 StGB).

In diesem Zusammenhang ist zu berücksichtigen, dass bestimmte Daten auf der Grundlage gesetzlicher Bestimmungen weitergegeben werden können bzw. müssen. Beispiele hierfür sind die Mitteilungsrechte der Sozialleistungsträger (§ 71 Abs. 3 SGB X) oder der Betreuungsbehörde (§ 7 BtBG), wenn es zum Beispiel um die Anregung der Bestellung eines Betreuers geht. Auch teilt das Vormundschaftsgericht Entscheidungen (z.B. über die Einrichtung einer Betreuung oder die Anordnung einer Unterbringung in einem psychiatrischen Krankenhaus) »anderen Gerichten, Behörden oder sonstigen öffentlichen Stellen mit, soweit dies unter Beachtung berechtigter Interessen des Betroffenen nach den Erkenntnissen im gerichtlichen Verfahren erforderlich ist, um eine erhebliche Gefahr für den Betroffenen, für Dritte oder für die öffentliche Sicherheit abzuwenden« (§ 69k Abs. 1 FGG). Zu den Behörden und sonstigen öffentlichen Stellen zählt auch die Straßenverkehrsbehörde beim Ordnungsamt (→Führerschein, S. 44 ff.).

**INFO** Zum Thema Datenschutz gibt es eine Reihe von Informationsschriften, die kostenlos beim Bundesbeauftragten für den Datenschutz (www.bfd.bund.de, Adresse siehe Anhang) bezogen werden können:

BfD-Info 1: Bundesdatenschutzgesetz

Die Broschüre enthält den Gesetzestext und Erläuterungen.

BfD-Info 2: Der Bürger und seine Daten

Überblick über die Stellen, die personenbezogene Daten erheben, verarbeiten und nutzen und bei denen man seine Datenschutzrechte geltend machen kann. ■

## Akteneinsicht

Aus dem Recht auf informationelle Selbstbestimmung ergibt sich auch ein grundsätzliches Recht auf Information über den

Inhalt der dokumentierten Angaben. Hierzu gehört neben dem in den Datenschutzgesetzen geregelten Recht auf Auskunft über gespeicherte Daten auch das Recht auf Akteneinsicht, für das besondere Bestimmungen gelten.

Für den Bereich der Sozialleistungsträger ist das Recht auf Akteneinsicht in § 25 SGB X geregelt. Danach muss ein berechtigtes Interesse (»Geltendmachung oder Verteidigung rechtlicher Interessen«) an der Einsichtnahme geltend gemacht werden. Dieses liegt in eigenen Angelegenheiten in aller Regel vor. Allerdings wird in Abs. 2 einschränkend festgehalten, dass anstelle der direkten Akteneinsicht die Vermittlung durch einen Arzt treten kann, wenn die Akten Angaben über die gesundheitlichen Verhältnisse enthalten und »zu befürchten ist, dass die Akteneinsicht dem Beteiligten einen unverhältnismäßigen Nachteil, insbesondere an der Gesundheit, zufügen würde«. Weiter wird ausgeführt, dass, »soweit die Akten Angaben enthalten, die die Entwicklung und Entfaltung der Persönlichkeit des Beteiligten beeinträchtigen können«, der Inhalt auch von einem durch »Vorbildung sowie Lebens- und Berufserfahrung« geeigneten und befähigten Bediensteten vermittelt werden kann.

Diese Grundsätze spielen auch eine Rolle in der Diskussion um das Recht auf die Einsichtnahme in psychiatrische Krankenunterlagen. Hier liegen allerdings unterschiedliche Urteile der höchstrichterlichen Rechtsprechung vor. Der Bundesgerichtshof (BGH) erkennt zwar den körperlich kranken Menschen ein weitgehendes Recht auf Akteneinsicht zu, schränkt dieses Recht aber bisher bei psychisch kranken Menschen ein (Urteil vom 6.7.1982, mit dem die Klage eines ehemaligen Psychiatriepatienten auf Einsichtnahme in die Krankenakten abgewiesen wurde, Recht & Psychiatrie 1983, S. 31 ff.). Als Gründe für die

Verweigerung der Akteneinsicht werden neben therapeutischen Bedenken (die Einsichtnahme könnte therapeutisch ungünstige Auswirkungen haben) schutzwürdige Interessen Dritter angeführt. Es wird hinzugefügt, dass bei der psychiatrischen Behandlung »die persönliche Einbeziehung des Arztes wie auch (...) dritter Personen« (z.B. Angehöriger, Anmerkung R.M.) »eine besondere Rolle spielen kann und subjektive Beurteilungselemente in den Vordergrund treten« können, da die Krankenunterlagen »zwangsläufig nicht nur naturwissenschaftlich Nachprüfbares enthalten können«.

Demgegenüber hat das Bundesverwaltungsgericht mit Urteil vom 27.4.1989 (Recht & Psychiatrie 1989, S.114) einem ehemaligen zwangseingewiesenen Patienten ein weitgehendes Recht auf Einsicht in die ihn betreffenden Akten eines psychiatrischen Landeskrankenhauses zugestanden und Ausnahmen nur im Fall einer Selbstgefährdung zugelassen. Die Gefahr einer gesundheitlichen Schädigung durch die Akteneinsicht reiche für eine Verweigerung nicht aus. Das Bundesverwaltungsgericht begründet seine Entscheidung mit dem Selbstbestimmungsrecht des Patienten und der damit verbundenen Grundrechtsbindung bei einer öffentlich-rechtlichen Unterbringung, die bei vertraglichen Rechtsverhältnissen nicht in vergleichbarem Maß gegeben sei.

Die vom BGH vertretene Auffassung ist in der juristischen wie der psychiatrischen Diskussion auf Widerspruch gestoßen ist. Nunmehr hat das Bundesverfassungsgericht in einer Entscheidung vom 6.1.2006 zum Akteinsichtsrecht im Maßregelvollzug ausdrücklich offen gelassen, ob angesichts neuerer Entwicklungen und veränderter Anschauungen nicht die Persönlichkeitsrechte der Patienten höher zu gewichten seien. In diesem Zusammenhang hat das Bundesverfassungsgericht (Recht & Psychiatrie 2006 S. 94 ff.) ausgeführt:

**!** »Ärztliche Krankenunterlagen mit ihren Angaben über Anamnese, Diagnose und therapeutische Maßnahmen betreffen den Patienten unmittelbar in seiner Privatsphäre. Deswegen und wegen der möglichen erheblichen Bedeutung der in solchen Unterlagen enthaltenen Informationen für selbstbestimmte Entscheidungen des Behandelten hat dieser generell ein geschütztes Interesse daran, zu erfahren, wie mit seiner Gesundheit umgegangen wurde, welche Daten sich dabei ergeben haben und wie man die weitere Entwicklung einschätzt. Dies gilt in gesteigertem Maße für Informationen über die psychische Verfassung.«

Damit kann davon ausgegangen werden, dass heute auch für den freiwillig im Psychiatrischen Krankenhaus aufgenommenen Patienten gute Aussichten bestehen, das Recht auf Akteneinsicht umfassend durchzusetzen.

Unabhängig davon hat im Fall der Einleitung eines Gerichtsverfahrens der beauftragte Rechtsanwalt das Recht auf Einsicht in die Krankenunterlagen. Außerdem besteht die Möglichkeit, dass ein anderer Arzt, zu dem ein Vertrauensverhältnis besteht, die Krankenakten mit Einwilligung des Betroffenen anfordert und auf diesem Wege dem Betroffenen eine Einsichtnahme ermöglicht.

## Führerschein

Für Führerscheininhaber gilt zunächst der Grundsatz, dass jeder selbst verpflichtet ist, seine Fahrtauglichkeit kritisch zu prüfen. Dementsprechend darf man nicht selbst Auto fahren, wenn die Fähigkeit zur Teilnahme am Straßenverkehr beispielsweise durch eine psychische Erkrankung oder durch die Einnahme von Medikamenten beeinträchtigt ist. Ist die Fähigkeit zu einem der Erkrankung angemessenen Verhalten nicht gegeben, haben nicht nur Gerichte und Behörden, sondern auch behandelnde Ärzte oder betreuende Sozialarbeiter trotz ihrer grundsätzlich bestehenden Schweigepflicht das Recht, im Rahmen der vorbeugenden Gefahrenabwehr (§ 34 StGB) eine Mitteilung an die zuständige Straßenverkehrsbehörde zu machen. Bestehen berechtigte Zweifel an der Fahreignung, kann die Verwaltungsbehörde die Beibringung eines Gutachtens verlangen. Wurde der Führerschein eingezogen, ist zur Wiedererlangung der Fahrerlaubnis eine fachärztliche oder eine medizinisch-psychologische Untersuchung notwendig.

Wird die Vorlage eines Gutachtens trotz berechtigter Zweifel an der Fahreignung verweigert, darf die Verwaltungsbehörde auf die Nichteignung des Betroffenen schließen.

Die einschlägigen Bestimmungen enthält die Fahrerlaubnis-Verordnung (FeV, Internet: http://bundesrecht.juris.de/bundes recht/fev) mit den Ausführungen zur Einschränkung und Entziehung der Zulassung (§ 4) sowie zur »Eignung und bedingten Eignung zum Führen von Kraftfahrzeugen« (§§ 11 ff.). In Anlage 4 zur FeV werden unter den häufiger vorkommenden Erkrankungen explizit psychische Störungen aufgeführt. Sie besagen unter anderem:

- In akuten Krankheitsphasen ist regelmäßig keine Fahreignung gegeben.
- Nach Abklingen ist sie abhängig von »Symptomfreiheit«:

Leitsätze und Orientierungshilfen für die Begutachtung enthalten die »Begutachtungs-Leitlinien zur Kraftfahrereignung« vom

Gemeinsamen Beirat für Verkehrsmedizin beim Bundesministerium für Verkehr, Bau- und Wohnungswesen und beim Bundesministerium für Gesundheit. Darin wird auch auf psychische Erkrankungen im Einzelnen eingegangen. In den Leitsätzen zur Begutachtung bei schizophrenen Psychosen wird festgehalten: »Die Voraussetzung zum sicheren Führen von Kraftfahrzeugen (...) ist in akuten Stadien schizophrener Episoden nicht gegeben (...). Nach abgelaufener akuter Psychose kann die Voraussetzung zum sicheren Führen« eines Pkw »in der Regel wieder gegeben sein, wenn keine Störungen (z. B. Wahn, Halluzinationen, schwere kognitive Störung) mehr nachweisbar sind, die das Realitätsurteil erheblich beeinträchtigen. Bei der Behandlung mit Psychopharmaka sind einerseits deren stabilisierende Wirkung, andererseits die mögliche Beeinträchtigung psychischer Funktionen zu beachten. Langzeitbehandlung schließt die positive Beurteilung nicht aus.«

Im Falle einer bedingten Eignung werden regelmäßige Kontrollen verlangt.

**INFO** Die Fahrerlaubnis-Verordnung ist im Internet zu finden unter: http://bundesrecht.juris.de/bundesrecht/fev). Die Begutachtungs-Leitlinien sind einzusehen im Internet unter: www.fahrer laubnisrecht.de/Begutachtungsleitlinien/BGLL%20Inhaltsver zeichnis.htm. ■

# TEIL II Soziale Rechte und Leistungen

## Überblick

Das deutsche System der sozialen Sicherheit ist im Lauf von über hundert Jahren gewachsen. Die vom Gesetzgeber geplante Zusammenfassung aller sozialrechtlichen Vorschriften in einem Sozialgesetzbuch ist zwar weitgehend umgesetzt, aber es finden sich nach wie vor auch sozialrechtliche Regelungen außerhalb des Sozialgesetzbuches.

Ein guter Überblick über die Aufgaben des Sozialgesetzbuches, die verschiedenen Sozialleistungen und die Sozialleistungsträger sowie die Ausgestaltung der Leistungen findet sich in den §§ 1 – 29 im allgemeinen Teil des SGB I. Dort werden umfassend die sozialen Rechte beschrieben, beispielsweise das Recht auf Maßnahmen zum Schutz, zur Erhaltung, Besserung und Wiederherstellung der Gesundheit und der Leistungsfähigkeit durch die gesetzliche Kranken-, Pflege-, Renten- und Unfallversicherung (§ 4 Abs. 2 SGB I), das Recht auf Sozialhilfe (§ 9 SGB I) und das Recht behinderter Menschen auf notwendige Hilfen zur Teilhabe (§ 10 SGB I).

**! Die sozialen Rechte sollen laut § 1 SGB I dazu beitragen,**

- **ein menschenwürdiges Dasein zu sichern,**
- **gleiche Voraussetzungen für die freie Entfaltung der Persönlichkeit zu schaffen,**
- **den Lebensunterhalt durch eine frei gewählte Erwerbstätigkeit zu ermöglichen,**
- **besondere Belastungen des Lebens (hierzu gehören Krankheit und Behinderung) auch durch Hilfe zur Selbsthilfe abzuwenden oder auszugleichen.**

Auf diese sozialen Rechte kann allerdings ein individueller Rechtsanspruch nur geltend gemacht werden, wenn entsprechende Vorschriften in den einzelnen Sozialleistungsgesetzen bestehen.

Gleichzeitig werden die Sozialleistungsträger verpflichtet, darauf hinzuwirken, dass die zur Erbringung der Sozialleistungen erforderlichen Dienste und Einrichtungen rechtzeitig und ausreichend zur Verfügung stehen (§ 1 Abs. 2 und § 17 Abs. 1 Ziff. 2 SGB I). Ihnen obliegt es auch, die Bürger zu informieren (§§ 13, 14 SGB I):

**! Die zuständigen Leistungsträger nach dem SGB sind zur Aufklärung und Beratung über die Rechte und Pflichten nach dem Sozialgesetzbuch verpflichtet.**

Auch die nach dem jeweiligen Landesrecht zuständigen Stellen (Sozial- und Gesundheitsämter), die Träger der gesetzlichen Krankenversicherung (Krankenkassen) und der sozialen Pflegeversicherung (Pflegekassen) sind nach § 15 SGB I verpflichtet, über alle sozialen Angelegenheiten nach dem Sozialgesetzbuch zu informieren: »Die Auskunftspflicht erstreckt sich auf die Benennung der für die Sozialleistungen zuständigen Stellen sowie auf alle Sach- und Rechtsfragen, die für die Auskunftsuchenden von Bedeutung sein können und zu deren Beantwortung die Auskunftsstelle imstande ist.«

Dabei sind die Auskunftsstellen verpflichtet, untereinander und mit den Leistungsträgern zusammenzuarbeiten, um eine möglichst umfassende Auskunft durch eine Stelle sicherzustellen. Für behinderte Menschen stehen außerdem zur Beratung und Unterstützung die gemeinsamen Servicestellen der Rehabilitation zur Verfügung (→ S. 60 f.).

**! Die meisten Sozialleistungen werden auf Antrag gewährt, d.h. dass die Antragstellung Leistungsvoraussetzung ist und den Beginn der Leistung bestimmt.**

Nur die Leistungen der gesetzlichen Unfallversicherung und die Leistungen der Sozialhilfe werden – mit Ausnahme der Grundsicherung im Alter und bei Erwerbsminderung – ab Kenntnis vom Hilfebedarf von Amts wegen gewährt (§ 18 SGB XII). Auch die Leistungen der gesetzlichen Unfallversicherung werden unabhängig von einem Antrag erbracht.

Anträge können zwar formlos und damit auch mündlich oder telefonisch gestellt werden, es empfiehlt sich aber grundsätzlich, Anträge schriftlich zu stellen. Der Antrag kann auch durch einen Bevollmächtigten oder gesetzlichen Vertreter (rechtlichen Betreuer) gestellt werden.

Für viele Sozialleistungen (z.B. Wohngeld, Arbeitslosengeld I und II, aber auch Sozialhilfe) sind jeweils spezielle Antragsvordrucke auszufüllen. Diese haben den Zweck, die für die Leistungsgewährung erforderlichen Informationen zu erheben. Insoweit besteht eine Mitwirkungspflicht nach den §§ 60ff. SGB I.

**! Wird ein Antrag auf Sozialleistung bei einem nicht dafür zuständigen Amt oder bei einer nicht zuständigen Gemeinde gestellt, schadet dies nichts. Diese Stellen sind verpflichtet, den Antrag unverzüglich an den zuständigen Leistungsträger weiterzuleiten.**

Als Antragszeitpunkt gilt immer der Zeitpunkt, an dem der Antrag bei einer der genannten amtlichen Stellen eingegangen ist (§ 16 Abs. 2 SGB I), unabhängig davon, ob diese unmittelbar zuständig sind oder nicht. Der zuständige Leistungsträger ist verpflichtet, über den Antrag durch einen schriftlichen mit einer Rechtsmittelbelehrung versehenen Bescheid zu entscheiden. Dies kann eingefordert werden, eine mündliche Ablehnung ist nicht zulässig (zu den Rechtsschutzmöglichkeiten → S. 218 ff.).

## Leistungsträger und Leistungszuständigkeiten

Das gegliederte System der sozialen Sicherheit ist unübersichtlich. Für den Hilfesuchenden ist es oft schwierig, den richtigen Leistungsträger für die benötigte Hilfe zu finden. Da das deutsche Sozialleistungssystem mit Ausnahme bestimmter Leistungen für behinderte Kinder keine Mischfinanzierung kennt, muss der Hilfebedarf immer einer bestimmten gesetzlichen Leistung zugeordnet werden, für die dann ein Leistungsträger ausschließlich zuständig ist. Das trägerübergreifende Persönliche Budget (→ S. 69 ff.) kann den Zugang zu den Leistungen erleichtern.

Um sich im System der sozialen Sicherheit orientieren zu können, sind einige Strukturprinzipien von Bedeutung:

- Das Prinzip der sozialen Vorsorge: Die Mitgliedschaft begründet den Anspruch auf Leistungen aller Sozialversicherungen, der Arbeitslosen-, Kranken-, Pflege-, Renten- und Unfallversicherung. Hierfür werden Beiträge geleistet.
- Das Prinzip der sozialen Entschädigung: Dieses kommt vor allem bei Gesundheitsschäden infolge von sogenannten »Sonderopfern« zum Tragen. z. B. bei Wehr- oder Zivildienstschäden, Impfschäden sowie für Opfer von Gewalttaten nach dem Opferentschädigungsgesetz.
- Das Prinzip der sozialen Hilfe: Dieses unter anderem im SGB II und XII formulierte Prinzip stellt staatlich finanzierte Leis-

tungen zur Verfügung, wenn kein Anspruch auf Versicherungs- oder Versorgungsleistungen besteht und die Selbsthilfepotenziale der Betroffenen nicht ausreichen.

- Das Kausalitätsprinzip: Es fragt nach der Ursache eines Bedarfs an Hilfen und kommt zum Beispiel bei der Unfallversicherung zum Tragen.
- Das Finalitätsprinzip: Bei diesem werden Leistungen unabhängig von der Ursache gewährt. Hier steht das Ziel der Leistungen im Vordergrund. Dieses Prinzip ist für die meisten Sozialleistungen außerhalb der Unfallversicherung und der sozialen Entschädigung maßgeblich.

Für Menschen mit einer psychischen Erkrankung sind vor allem Leistungen zur Krankenbehandlung, zur medizinischen Rehabilitation sowie zur Teilhabe am Arbeitsleben und am Leben in der Gemeinschaft von Bedeutung. Für diese sind in erster Linie die Krankenkassen, die Träger der Rentenversicherung, die Arbeitsagenturen und die Sozialhilfeträger zuständig.

Daneben kommen für psychisch erkrankte und behinderte Menschen noch Leistungen der Pflegeversicherung sowie Leistungen nach dem Schwerbehindertenrecht zur Erlangung oder Erhaltung eines Arbeitsplatzes in Betracht.

Für seelisch behinderte Kinder und Jugendliche sowie für psychisch erkrankte Eltern mit minderjährigen Kindern sind zudem die Regelungen zur Kinder- und Jugendhilfe wichtig.

**Leistungsträger und Leistungszuständigkeiten System dersozialen Sicherung**

| Bedarf bei | Krankheit | bestehender oder drohender Behinderung | | | Pflegebedürftigkeit |
|---|---|---|---|---|---|
| Leistungen | Kranken-behandlung | Medizinische Rehabilitation | Teilhabe am Arbeitsleben | Teilhabe am Leben in der Gemeinschaft | Pflege |
| vorrangig zuständig | Kranken-versicherung | Kranken-versicherung Renten-versicherung | Renten-versicherung Arbeits-förderung | | Pflegeversicherung |
| nachrangig zuständig | Sozialhilfe | Sozialhilfe | Sozialhilfe | Sozialhilfe | Sozialhilfe |

Neben den im Sozialgesetzbuch geregelten Leistungen bestehen noch die landesrechtlichen Bestimmungen zur öffentlichen Gesundheitsfürsorge. In den meisten Bundesländern (mit Ausnahme von Baden-Württemberg, Bayern, Hessen und dem Saarland) gibt es spezielle Landesgesetze, die Hilfen und Schutzmaßnahmen für psychisch Kranke (PsychKG) regeln, aber auch Zielsetzungen wie die Kooperation und Koordination psychiatrischer Dienste sowie die Schaffung gemeindenaher Versorgungsstrukturen einschließlich der Krisenintervention enthalten.

Die in den PsychKG beschriebenen Hilfen werden nachrangig gegenüber anderen Sozialleistungen (z. B. der Krankenversicherung und der Sozialhilfe) gewährt.

Auf Hilfen nach dem PsychKG besteht im Unterschied zu den meisten Sozialleistungen nach dem SGB kein individueller – gerichtlich durchsetzbarer – Rechtsanspruch.

Zur Verwirklichung des Anspruchs auf die im Einzelfall notwendigen Hilfen ist es erforderlich, sich über die sozialrechtlichen Grundlagen zu informieren. Dabei ist zu berücksichtigen, dass zentrale Begriffe in den einzelnen Gesetzen nicht nur eine unterschiedliche Bedeutung haben können, sondern auch unterschiedliche Anforderungen an die Einrichtungen und Dienste zur Erbringung von Hilfen stellen: So kennt das Recht der gesetzlichen Krankenversicherung nur Einrichtungen, die unter ständiger ärztlicher Leitung oder zumindest Verantwortung stehen. Demgegenüber wird im Recht der gesetzlichen Rentenversicherung bei Einrichtungen der medizinischen Rehabilitation nicht in jedem Fall die ständige ärztliche Verantwortung gefordert. Im Sozialhilferecht ist schließlich lediglich von geeigneten Einrichtungen die Rede, ohne dass Anforderungen an die Personalausstattung formuliert werden

## Die Hilfeangebote

Aus Sicht der Menschen, die Hilfe benötigen, ist vor allem von Bedeutung, ob geeignete und ihrem Bedarf entsprechende Angebote in ihrer Umgebung erreichbar sind, denn in der Regel kann ein individueller Rechtsanspruch auf Hilfen nur dann problemlos eingelöst werden, wenn auch die zur Erbringung der Hilfen notwendigen Dienste und Einrichtungen verfügbar sind. Trotz der zunehmenden individuellen Behandlungs- und Rehabilitationsplanung im Sinn von personenzentrierten Hilfen steht immer noch die Frage im Vordergrund, welches institutionelle Angebot am ehesten geeignet ist, die erforderlichen Hilfen zu erbringen. Auf dem Hintergrund der Weiterentwicklung von Behandlungs- und Rehabilitationskonzepten sowie leistungsrechtlicher Regelungen sind in den letzten Jahrzehnten neue Hilfeangebote entstanden. Bei den neu entstandenen Hilfeangeboten wie Soziotherapie oder ambulante psychiatrische Krankenpflege gibt es teilweise erhebliche regionale Unterschiede insbesondere hinsichtlich der Zahl und Qualität der Angebote. Zudem überschneiden sich die Hilfeangebote teilweise. In der Konsequenz heißt das für die Betroffenen:

**! Ein bestimmtes Behandlungs- oder Rehabilitationsziel kann über unterschiedliche institutionelle Wege erreicht werden, z.T. mit unterschiedlichen finanziellen Folgen für den Betroffenen.**

So wird beispielsweise bei Finanzierung einer stationären Leistung zur Teilhabe am Leben in der Gemeinschaft durch den Sozialhilfeträger der Einsatz von Einkommen und Vermögen gefordert – mit der Folge, dass der Betroffene zum »Taschengeldempfänger« wird. Demgegenüber beschränkt sich die Eigenbeteiligung bei einer Reha-Maßnahme durch die Kranken- oder Rentenversicherung auf eine Zuzahlung im Rahmen der geltenden rechtlichen Regelungen. Vor allem chronisch psychisch kranke Menschen sind gegenüber Patienten mit körperlichen Erkrankungen immer noch benachteiligt und oft auf Leistungen der Sozialhilfe angewiesen.

Außerdem können die Ärzte nur die Hilfen verordnen, die auf der Grundlage rechtlicher Vorgaben sowie der Vereinbarungen zwischen den Krankenkassen und den Leistungserbringern verfügbar sind. Insbesondere die häusliche Krankenpflege, die Soziotherapie sowie Leistungen und Angebote zur ambulanten medizinischen Rehabilitation werden oft nicht verschrieben, weil es noch an Anbietern fehlt.

Die nachfolgende Tabelle enthält eine stark vereinfachte Übersicht der psychiatrischen Hilfeangebote und der zuständigen Leistungsträger.

## Psychiatrische Einrichtungen: Aufgaben und Finanzierung

| Einrichtung/Dienst | Vorrangige Aufgabe | Vorrangige Finanzierung durch |
|---|---|---|
| Psychiatrische Klinik | Behandlung | Krankenversicherung |
| Psychiatrische Tagesklinik | | |
| Psychiatrische Institutsambulanz | | |
| Niedergelassener Nervenarzt/Psychiater | | |
| Psychotherapeuten (ärztliche und psychologische) | | |
| Ergotherapie | | |
| Psychiatrische Krankenpflege | | |
| Soziotherapie-Leistungserbringer | | |
| Rehabilitationseinrichtung für psychisch Kranke | Rehabilitation und Teilhabe | Rentenversicherung |
| | | Krankenversicherung |
| | | Arbeitsförderung (Arbeitsagentur) |
| Betreutes Wohnen | Wohnen und Teilhabe am Leben in der Gemeinschaft | Sozialhilfe |
| Wohnheim | | |
| Tagesstätte | | |
| Übergangseinrichtung | | |
| Sozialpsychiatrischer Dienst | Beratung, Unterstützung, Alltagsbegleitung | Öffentliche Zuschüsse der Kommunen, teilweise auch der Länder |
| Kontakt- und Beratungsstelle | | |
| Pflegedienste und -einrichtungen | Pflege | Pflegeversicherung / Sozialhilfe |
| Berufstrainingszentren | Ausbildung, Fortbildung und Beschäftigung | Arbeitsförderung (Arbeitsagentur) Rentenversicherung |
| Berufsbildungswerke | | |
| Berufsförderungswerke | | |
| Bildungs- und Maßnahmeträger | | |
| Integrationsamt | | |
| Werkstatt für behinderte Menschen<br>▫ im Berufsbildungsbereich<br>▫ im Arbeitsbereich | | Sozialhilfeträger |

Die Tabelle berücksichtigt nicht die jeweils spezifischen Leistungsvoraussetzungen, nach denen ein Anspruch auf Hilfe besteht. Außerdem gibt es regionale Besonderheiten, z. B. Vereinbarungen, in denen Angebote des Betreuten Wohnens oder ergotherapeutische Leistungen in Tagesstätten anteilig durch die Krankenkassen oder Rentenversicherungsträger erbracht oder über Förderprogramme und Zuschüsse finanziert werden, bei denen dann – im Unterschied zur Finanzierung durch die Sozialhilfe – keine Heranziehung der Betroffenen erfolgt.

## Überblick

In dem zum 1. Juli 2001 in Kraft getretenen SGB IX ist unter dem Leitmotiv »Förderung der Selbstbestimmung und Teilhabe behinderter Menschen« das Rehabilitationsrecht weiterentwickelt, zusammengefasst und um das Schwerbehindertenrecht ergänzt worden.

Mit dem SGB IX waren hohe Erwartungen und Anforderungen verbunden: Es sollte die Uneinheitlichkeit und Unübersichtlichkeit des bis dahin geltenden Rehabilitationsrechts beenden. Der Zugang zu den Leistungen sollte effektiver gestaltet werden. Ferner wurde in das SGB IX die Vorgabe aufgenommen, dass den besonderen Bedürfnissen seelisch behinderter Menschen Rechnung zu tragen ist (§ 10 Abs. 3 SGB IX). Das neue Recht will durch Koordination, Kooperation und Konvergenz eine einheitliche Praxis der Rehabilitation und der Behindertenhilfen schaffen.

Mit dem SGB IX erfolgte zwar nicht die von manchen erhoffte und geforderte Strukturreform, aber eine Reihe von wichtigen Änderungen. Hierzu gehört insbesondere, dass die Sozialhilfeträger und die Träger der Kinder- und Jugendhilfe in den Kreis der Rehabilitationsträger aufgenommen wurden. Die übrigen Rehabilitationsträger sind die gesetzlichen Krankenkassen, die Bundesagentur für Arbeit, die Träger der gesetzlichen Rentenversicherung sowie der gesetzlichen Unfallversicherung sowie die Kriegsopferversorgung (§ 6 SGB IX).

Erstmals gesetzlich geregelt wurden die Fristen, in denen die Rehabilitationsträger die Zuständigkeit klären und über die Gewährung von Leistungen zur Teilhabe entscheiden müssen (§ 14 SGB IX).

**!** **Ein Rehabilitationsträger muss innerhalb von zwei Wochen nach Eingang eines Antrags feststellen, ob er zuständig ist. Sollte dies der Fall und kein Gutachten erforderlich sein, ist innerhalb von drei Wochen nach Eingang des Antrags zu entscheiden.**

Ist der zuerst angegangene Rehabilitationsträger nicht zuständig, ist der Antrag unverzüglich an den nach seiner Auffassung zuständigen Rehabilitationsträger weiterzuleiten. Dies muss spätestens nach Ablauf der zwei Wochen geschehen. Der zweite angegangene Rehabilitationsträger muss dann innerhalb von drei Wochen nach Antragseingang endgültig entscheiden und zumindest vorläufige Leistungen erbringen. Eine zweite Weiterleitung ist gesetzlich ausgeschlossen, selbst wenn der Rehabilitationsträger, an den weitergeleitet wurde, im konkreten Fall als Leistungsträger gar nicht in Betracht kommt. Der Hilfesuchende soll unabhängig von den schwierigen Abgrenzungs- und Zuständigkeitsproblemen des Rehabilitationsrechts so schnell wie möglich die erforderliche Hilfe erhalten.

**TIPP** **Die Regelungen zur Zuständigkeitserklärung werden noch nicht von allen Rehabilitationsträgern in der Praxis umgesetzt. Daher ist es sinnvoll, bei der Antragstellung auf die Fristen des §14 SGB IX hinzuweisen.**

Wenn für die Feststellung des Rehabilitationsbedarfs ein Gutachten erforderlich ist, muss der Rehabilitationsträger unverzüglich einen Gutachter beauftragen. Wichtig ist dabei, dass der Leistungsberechtigte hier Wahlmöglichkeiten hat: Ihm sind in der Regel drei wohnortnahe Sachverständige zu benennen, von denen er sich für einen entscheiden kann. Wird ein Gutachter beauftragt, ist die Entscheidung spätestens vier Wochen nach Beauftragung des Gutachters zu treffen.

### Beratung durch gemeinsame Servicestellen

Für den Bereich der Leistungen zur Rehabilitation und Teilhabe nach dem SGB IX sind die Rehabilitationsträger (Krankenkassen, Rentenversicherungsträger, Arbeitsagenturen, Sozial- und Jugendhilfeträger u. a.) verpflichtet sicherzustellen, dass in allen Landkreisen und kreisfreien Städten gemeinsame Servicestellen eine ortsnahe Beratung und Unterstützung behinderter und von Behinderung bedrohter Menschen gewährleisten (§ 23 SGB IX).

Aufgabe der Servicestellen ist es, behinderten und von Behinderung bedrohten Menschen, ihren Vertrauenspersonen und Personensorgeberechtigten Beratung und Unterstützung anzubieten. Die Beratung und Unterstützung umfasst nach § 22 SGB IX »insbesondere:

1. über Leistungsvoraussetzungen, Leistungen der Rehabilitationsträger, besondere Hilfen im Arbeitsleben sowie über die Verwaltungsabläufe zu informieren,

2. bei der Klärung des Rehabilitationsbedarfs, bei der Inanspruchnahme von Leistungen zur Teilhabe und der besonderen Hilfen im Arbeitsleben sowie bei der Erfüllung von Mitwirkungspflichten zu helfen,

3. zu klären, welcher Rehabilitationsträger zuständig ist, auf klare und sachdienliche Anträge hinzuwirken und sie an den zuständigen Rehabilitationsträger weiterzuleiten,
4. bei einem Rehabilitationsbedarf, der voraussichtlich ein Gutachten erfordert, den zuständigen Rehabilitationsträger darüber zu informieren,
5. die Entscheidung des zuständigen Rehabilitationsträgers in Fällen, in denen die Notwendigkeit von Leistungen zur Teilhabe offenkundig ist, so umfassend vorzubereiten, dass dieser unverzüglich entscheiden kann,
6. bis zur Entscheidung oder Leistung des Rehabilitationsträgers den behinderten oder von Behinderung bedrohten Menschen unterstützend zu begleiten,
7. bei den Rehabilitationsträgern auf zeitnahe Entscheidungen und Leistungen hinzuwirken und
8. zwischen mehreren Rehabilitationsträgern und Beteiligten auch während der Leistungserbringung zu koordinieren und zu vermitteln«.

Dabei umfasst die Beratung unter Beteiligung der Integrationsämter auch die Klärung eines Bedarfs an Hilfen nach dem Schwerbehindertenrecht (SGB IX 2. Teil) und die Beteiligung der Pflegekassen bei drohender oder bestehender Pflegebedürftigkeit. Außerdem sollen die Verbände behinderter Menschen einschließlich der Verbände der Freien Wohlfahrtspflege, der Selbsthilfegruppen und der Interessenvertretungen behinderter Frauen mit Einverständnis der behinderten Menschen an der Beratung beteiligt werden.

Die Servicestellen konnten ihre Aufgaben bisher nicht zufriedenstellend erfüllen. Im Wesentlichen wird ein »Antragsmanagement« angeboten. Gerade viele Betroffene mit psychischen

Beeinträchtigungen werden nicht erreicht. Es fehlt an Kenntnissen der in Betracht kommenden Hilfeangebote für Menschen mit einer psychischen Erkrankung oder Behinderung.

## Psychosoziale Leistungen

Zu den Zielen des SGB IX gehört es, die Rehabilitationsmöglichkeiten für psychisch kranke Menschen durch Berücksichtigung der notwendigen psychosozialen Hilfen zu verbessern. Den besonderen Bedürfnissen seelisch behinderter Menschen soll Rechnung getragen werden (§ 10 Abs. 3 SGB IX). Dies gilt für alle Bereiche der Rehabilitation, wird aber nicht ausreichend umgesetzt. Allerdings wird klargestellt, dass Bestandteil der Leistungen zur medizinischen Rehabilitation und zur Teilhabe am Arbeitsleben »auch medizinische, psychologische und pädagogische Hilfen sind, soweit diese Leistungen im Einzelfall erforderlich sind, um die in Absatz 1 genannten Ziele zu erreichen oder zu sichern und Krankheitsfolgen zu vermeiden, zu überwinden, zu mindern oder ihre Verschlimmerung zu verhüten, insbesondere:

- Hilfen zur Unterstützung bei der Krankheits- und Behinderungsverarbeitung;
- Aktivierung von Selbsthilfepotenzialen;
- mit Zustimmung des Leistungsberechtigten Information und Beratung von Partnern und Angehörigen sowie von Vorgesetzten und Kollegen;
- Vermittlung von Kontakten zu örtlichen Selbsthilfe- und Beratungsmöglichkeiten;
- Hilfen zur seelischen Stabilisierung und zur Förderung der sozialen Kompetenz, unter anderem durch Training sozialer

und kommunikativer Fähigkeiten sowie im Umgang mit Krisensituationen;
- Training lebenspraktischer Fähigkeiten« (wortgleich in § 26 Abs. 3 und § 33 Abs. 6 SGB IX).

In der Regelung zur medizinischen Rehabilitation (§ 26 Abs. 3) ist außerdem noch als »7. Anleitung und Motivation zur Inanspruchnahme von Leistungen der medizinischen Rehabilitation« aufgeführt. Bei den Leistungen zur Teilhabe am Arbeitsleben (§ 33 Abs. 6) wird als »7. Anleitung und Motivation zur Inanspruchnahme von Leistungen zur Teilhabe am Arbeitsleben« genannt. Diese Leistungen sind vor allem für Menschen mit psychischen Erkrankungen von großer Bedeutung.

## Leistungen zur Teilhabe

### Leistungen zur medizinischen Rehabilitation

Die Leistungen zur medizinischen Rehabilitation sind ein zentraler Baustein in der Versorgung psychisch kranker Menschen. § 26 SGB IX beschreibt die Ziele und Leistungen der medizinischen Rehabilitation und enthält einen nicht abschließenden Katalog der Leistungen zur medizinischen Rehabilitation. Allerdings gilt dieser Leistungskatalog wegen des in § 7 SGB IX enthaltenen Vorbehalts abweichender Regelungen unmittelbar nur für die Rentenversicherungsträger und die Sozialhilfeträger. Ein Verweis zu den Leistungen der medizinischen Rehabilitation nach dem Krankenversicherungsrecht (→ S. 100 ff.) fehlt.

Die Klärung der Leistungszuständigkeiten im Bereich der medizinischen Rehabilitation ist deswegen nicht einfach, weil die Leistungen, die im Rahmen der medizinischen Rehabilitation nach SGB IX und der Krankenbehandlung nach SGB V erbracht werden können, weithin deckungsgleich sind – mit Ausnahme der Krankenhausbehandlung, der häuslichen Krankenpflege und der Soziotherapie, die ausschließlich zum Leistungskatalog der Krankenbehandlung nach dem SGB V gehören. Deutlich wird dies, wenn man die Regelungen zur Krankenbehandlung (Kuration) und zur medizinischen Rehabilitation gegenüberstellt:

**Vergleich der Leistungen zur medizinischen Rehabilitation und zur Krankenbehandlung**

| | **Leistungen zur medizinischen Rehabilitation § 26 SGB IX (Auszüge)** | **Leistungen zur Krankenbehandlung § 27 SGB V (Auszüge)** |
|---|---|---|
| **Ziele** | »(1) Zur medizinischen Rehabilitation behinderter und von Behinderung bedrohter Menschen werden die erforderlichen Leistungen erbracht, um<br><br>1. Behinderungen einschließlich chronischer Krankheiten abzuwenden, zu beseitigen, zu mindern, auszugleichen, eine Verschlimmerung zu verhüten oder<br><br>2. Einschränkungen der Erwerbsfähigkeit und Pflegebedürftigkeit zu vermeiden, zu überwinden, zu mindern, eine Verschlimmerung zu verhüten sowie den vorzeitigen Bezug von laufenden Sozialleistungen zu vermeiden oder laufende Sozialleistungen zu mindern.« | »(1) Versicherte haben Anspruch auf Krankenbehandlung, wenn sie notwendig ist, um eine Krankheit zu erkennen, zu heilen, ihre Verschlimmerung zu verhüten oder Krankheitsbeschwerden zu lindern.« |
| **Leistungen** | »(2) Leistungen zur medizinischen Rehabilitation umfassen insbesondere<br><br>1. Behandlung durch Ärzte, Zahnärzte und Angehörige anderer Heilberufe, soweit deren Leistungen unter ärztlicher Aufsicht oder auf ärztliche Anordnung ausgeführt werden, einschließlich der Anleitung, eigene Heilungskräfte zu entwickeln, | »Die Krankenbehandlung umfasst:<br>1. ärztliche Behandlung einschließlich Psychotherapie als ärztliche und psychotherapeutische Behandlung,<br><br>2. zahnärztliche Behandlung einschließlich der Versorgung mit Zahnersatz,<br><br>3. Versorgung mit Arznei-, Verband-, Heil- und Hilfsmitteln, |

| | Leistungen zur medizinischen Rehabilitation § 26 SGB IX (Auszüge) | Leistungen zur Krankenbehandlung § 27 SGB V (Auszüge) |
|---|---|---|
| **Leistungen** | 2. Früherkennung und Frühförderung behinderter und von Behinderung bedrohter Kinder,<br><br>3. Arznei- und Verbandmittel,<br><br>4. Heilmittel einschließlich physikalischer Sprach- und Beschäftigungstherapie,<br><br>5. Psychotherapie als ärztliche und psychotherapeutische Behandlung<br><br>6. Hilfsmittel<br><br>7. Belastungserprobung und Arbeitstherapie.« | 4. häusliche Krankenpflege und Haushaltshilfe,<br><br>5. Krankenhausbehandlung,<br><br>6. Leistungen zur medizinischen Rehabilitation und ergänzende Leistungen.«<br><br>Zu den Leistungen gehört ferner die in § 27 SGB V nicht gesondert aufgeführte Soziotherapie (§ 37 a SGB V). |

Weiter enthält das SGB IX die Vorgabe, die Ziele der medizinischen Rehabilitation bereits bei der Krankenbehandlung zu berücksichtigen (§ 27 SGB IX). Dementsprechend umfasst die Krankenhausbehandlung auch die im Einzelfall erforderlichen baldmöglichst einsetzenden Leistungen zur Frührehabilitation (§ 39 Abs. 1 Satz 3 SGB V). Dies ist grundsätzlich sinnvoll, erleichtert aber die erforderliche leistungsrechtliche Abgrenzung nicht, denn bei Erfüllung der versicherungsrechtlichen Anspruchsvoraussetzungen ist für Leistungen zur medizinischen Rehabilitation nicht die Kranken-, sondern die Rentenversicherung zuständig (→ S. 114).

## Leistungen zur Teilhabe am Arbeitsleben

Neben der medizinischen Rehabilitation ist die Integration psychisch kranker und behinderter Menschen in den Arbeitsmarkt ein zentrales Anliegen des SGB IX. Maßnahmen der Teilhabe am

Arbeitsleben können sich unmittelbar an eine medizinische Rehabilitation anschließen, aber auch unabhängig davon gewährt werden.

**! Es werden alle Leistungen erbracht, die erforderlich sind, um die Erwerbsfähigkeit behinderter oder von Behinderung bedrohter Menschen entsprechend ihrer Leistungsfähigkeit zu erhalten, zu verbessern, herzustellen oder wiederherzustellen und ihre Teilhabe am Arbeitsleben möglichst auf Dauer zu sichern.**

Nach § 33 Abs. 3 SGB IX umfassen die Leistungen insbesondere:
»1. Hilfen zur Erhaltung oder Erlangung eines Arbeitsplatzes einschließlich Leistungen zur Beratung und Vermittlung, Trainingsmaßnahmen und Mobilitätshilfen,
2. Berufsvorbereitung einschließlich einer wegen der Behinderung erforderlichen Grundausbildung,
3. berufliche Anpassung und Weiterbildung, auch soweit die Leistungen einen zur Teilnahme erforderlichen schulischen Abschluss einschließen,
4. berufliche Ausbildung, auch soweit die Leistungen in einem zeitlich nicht überwiegenden Abschnitt schulisch durchgeführt werden,
5. Überbrückungsgeld entsprechend § 57 des Dritten Buches durch die Rehabilitationsträger nach § 6 Abs. 1 Nr. 2 bis 5,
6. sonstige Hilfen zur Förderung der Teilhabe am Arbeitsleben, um behinderten Menschen eine angemessene und geeignete Beschäftigung oder eine selbstständige Tätigkeit zu ermöglichen und zu erhalten.«

Bei der Auswahl der Leistungen werden Eignung, Neigung, bisherige Tätigkeit sowie Lage und Entwicklung auf dem Arbeitsmarkt angemessen berücksichtigt. Soweit erforderlich, wird dabei die berufliche Eignung abgeklärt oder eine Arbeitserprobung durchgeführt (§ 33 Abs. 4 SGB IX). 

Zu den Leistungen der Teilhabe am Arbeitsleben gehören auch die bereits erwähnten psychosozialen Leistungen (§ 33 Abs. 6 SGB IX), die Kraftfahrzeughilfe (§ 33 Abs. 8 Nr. 1 SGB IX), die Kosten einer notwendigen Arbeitsassistenz für schwerbehinderte Menschen (§ 33 Abs. 8 Nr. 3 SGB IX) sowie Leistungen in anerkannten Werkstätten für behinderte Menschen, die erbracht werden, um die Leistungs- oder Erwerbsfähigkeit der Menschen zu erhalten, zu entwickeln, zu verbessern oder wiederherzustellen, die Persönlichkeit dieser Menschen weiterzuentwickeln und ihre Beschäftigung zu ermöglichen oder zu sichern (§§ 39 ff. SGB IX).

Nach § 33 Abs. 6 Nr. 8 SGB IX sind die Integrationsfachdienste im Rahmen ihrer Aufgaben zu beteiligen. Die Aufgaben der Integrationsfachdienste umfassen zum einen die Vermittlung von schwerbehinderten Menschen in Arbeit und zum anderen die begleitende Hilfe im Arbeitsleben für diesen Personenkreis. Doch auch andere behinderte und von Behinderung bedrohte Menschen können diesen Dienst in Anspruch nehmen.

Auch bei den Leistungen zur Teilhabe am Arbeitsleben ist die mit dem SGB IX angestrebte Vereinheitlichung von Regelungen nur bedingt gelungen, denn im Rentenversicherungsrecht (§ 16 SGB VI) und Sozialhilferecht (§ 54 Abs. 1 SGB XII) wird zwar auf die Leistungen nach dem SGB IX verwiesen, nicht jedoch im Recht der Arbeitsförderung (SGB III). Insoweit gelten die Vorschriften der §§ 97 ff. SGB III (→ S. 120 ff.).

Traditionell werden über die Leistungen der Teilhabe am Leben in der Gemeinschaft all jene Einrichtungen der psychiatrischen Versorgung finanziert, die nicht vorrangig der Behandlung, der medizinischen Rehabilitation oder der Teilhabe am Arbeitsleben dienen. Die Leistungen werden in § 55 SGB IX formuliert:

**! Als Leistungen zur Teilhabe am Leben in der Gemeinschaft werden die Leistungen erbracht, die den behinderten Menschen die Teilhabe am Leben in der Gesellschaft ermöglichen oder sichern oder sie so weit wie möglich unabhängig von Pflege machen.**

Voraussetzung ist ferner, dass die Leistungen nicht schon nach den Regelungen zur medizinischen Rehabilitation, zur Teilhabe am Arbeitsleben und zu den ergänzenden Leistungen erbracht werden. Leistungen der Teilhabe am Leben in der Gemeinschaft sind insbesondere:

»1. Versorgung mit anderen als den in § 31 genannten Hilfsmitteln oder den in § 33 genannten Hilfen,

2. heilpädagogische Leistungen für Kinder, die noch nicht eingeschult sind,

3. Hilfen zum Erwerb praktischer Kenntnisse und Fähigkeiten, die erforderlich und geeignet sind, behinderten Menschen die für sie erreichbare Teilnahme am Leben in der Gemeinschaft zu ermöglichen,

4. Hilfen zur Förderung der Verständigung mit der Umwelt,

5. Hilfen bei der Beschaffung, Ausstattung und Erhaltung einer Wohnung, die den besonderen Bedürfnissen der behinderten Menschen entspricht,

6. Hilfen zu selbstbestimmtem Leben in betreuten Wohnmöglichkeiten,
7. Hilfen zur Teilhabe am gemeinschaftlichen und kulturellen Leben.«

In dieser Regelung werden betreute Wohnmöglichkeiten nunmehr ausdrücklich gesetzlich berücksichtigt, die gerade für chronisch psychisch Kranke in den letzten Jahrzehnten an Bedeutung gewonnen haben. Für diesen Personenkreis kommt als Träger für Leistungen zur Teilhabe am Leben in der Gemeinschaft im Wesentlichen der Sozialhilfeträger im Wege der Eingliederungshilfe für behinderte Menschen in Betracht (→S. 151 ff.), da es sich bei den betreuten Wohnformen in der Regel nicht um Einrichtungen der medizinischen Rehabilitation handelt. Dies hat zur Folge, dass die Betroffenen im Rahmen der sozialhilferechtlichen Vorschriften ihr Einkommen und Vermögen einsetzen müssen (→S. 155 ff.) und damit schlechter gestellt werden, als wenn sie Leistungen der medizinischen Rehabilitation durch den Träger der Renten- oder Krankenversicherung in Anspruch nehmen. Daneben können diese Leistungen auch von den Trägern der Jugendhilfe, der Unfallversicherung sowie den Trägern der Kriegsopferversorgung im Rahmen des Rechts der sozialen Entschädigung bei Gesundheitsschäden erbracht werden.

## Persönliches Budget

Im Rahmen des SGB IX wurde erstmals festgelegt, dass die Leistungen zur Teilhabe von den Rehabilitationsträgern auch durch ein Persönliches Budget erbracht werden können (§ 17 SGB IX). In der Zeit vom 1.7.2004 bis 31.12.2007 wurde das Persönliche Budget in einigen Modellregionen erprobt. In der Budgetverordnung vom 27.5.2004 werden das Verfahren bei Inanspruchnahme des Persönlichen Budgets näher geregelt und eine Zielvereinbarung zwingend vorgeschrieben.

Ab dem 1.1.2008 besteht ein Rechtsanspruch auf das Persönliche Budget. Dies bedeutet, dass auf Antrag budgetfähige Leistungen durch ein Persönliches Budget auszuführen sind. Budgetfähig sind neben den Leistungen zur Teilhabe die Leistungen der Pflegeversicherung nach dem SGB XI sowie die Hilfe zur Pflege nach dem SGB XII.

Das Persönliche Budget wird von den beteiligten Leistungsträgern trägerübergreifend als sogenannte Komplexleistung erbracht. Der Antrag auf Persönliches Budget kann bei jedem Rehabilitationsträger, bei Pflegekassen, Integrationsämtern und den gemeinsamen Servicestellen gestellt werden. Es besteht also eine Wahlmöglichkeit, soweit der angegangene Leistungsträger für eine der durch das Persönliche Budget zu erbringenden Leistungen zuständig ist. Im Übrigen gilt § 14 SGB IX (→S. 59). Der nach § 14 SGB IX zuständige Leistungsträger stellt den Rehabilitationsbedarf, die Höhe des Persönlichen Budgets, den angestrebten Inhalt der Zielvereinbarung und einen Beratungs- und Unterstützungsbedarf unverzüglich fest und erlässt den entsprechenden Bescheid.

Das Persönliche Budget wird in der Regel als Geldleistung erbracht, ausnahmsweise (vor allem bei Leistungen der Pflegeversicherung) durch Gutscheine.

**! Das Persönliche Budget muss so bemessen sein, dass eine Deckung des Bedarfs unter Beachtung des Grundsatzes der Wirtschaftlichkeit möglich ist. Der Leistungsberechtigte kann dann die erforderlichen Leistungen bei den Anbietern (Leistungserbringern) selbst einkaufen.**

Da der Rehabilitationsträger für die Ausführung der Leistungen verantwortlich bleibt, muss auch beim Persönlichen Budget eine jeweils dem Ziel und Zweck der Leistung entsprechende Verwendung der Mittel gewährleistet sein. Die Einzelheiten werden in der Zielvereinbarung festgelegt.

Es bleibt abzuwarten, inwieweit das Persönliche Budget für psychisch kranke Menschen sinnvoll umgesetzt werden kann und welche Hilfestellung sie für die notwendigen Entscheidungen benötigen. Der Vorteil für den Hilfeberechtigten liegt zwar auf der Hand: Er hat nur noch einen Leistungsträger als Ansprechpartner. Insbesondere bei der Bemessung des Persönlichen Budgets und bei der Zielvereinbarung besteht jedoch erheblicher Beratungsbedarf, da die Leistungen dem individuellen Bedarf des Betroffenen gerecht werden müssen und nicht der Reduzierung der Leistungen durch die Sozialleistungsträger in Zeiten knapper Kassen dienen dürfen. Es wird daher gefordert, als Teil des Persönlichen Budgets eine Budgetassistenz zu finanzieren, die den Betroffenen bei der Inanspruchnahme der Persönlichen Budgets berät und unterstützt.

**INFO** Informationen und kostenlose Broschüren zu Behandlung, Rehabilitation und Teilhabe sind beim Bundesministerium für Arbeit und Soziales erhältlich (Adresse s. Anhang). Hierzu gehören insbesondere die Broschüren:

SGB IX – Rehabilitation und Teilhabe behinderter Menschen.
Ausführliche Informationen zum SGB IX mit einem umfangreichen Glossar.

Ratgeber für behinderte Menschen.
Diese fortlaufend aktualisierte Broschüre gehört zu den »Klassikern«; die aktuelle Ausgabe enthält auf über 400 Seiten allgemein verständliche Darstellungen zu zentralen Rege-

lungen sowie im zweiten Teil den Text der gesetzlichen Regelungen – teilweise in Auszügen.

Fragen und Antworten zum SGB IX.

Diese Broschüre wendet sich an alle, die sich detailliert über die neuen Regelungen informieren wollen und soll bei der Auslegung wichtiger Vorschriften helfen.

Alle diese Texte sind auch im Internet zu finden unter:

http://www.bmas.bund.de/deu/gra/themen/sicherheit/teilhabe.

Ferner ist auf die von der Bundesarbeitsgemeinschaft für Rehabilitation (Walter-Kolb-Straße 9, 60594 Frankfurt/Main, Fax: (0 69) 60 50 18 29, E-Mail: info@bar-frankfurt.de) herausgegebene »Arbeitshilfe für die Rehabilitation und Teilhabe psychisch kranker und behinderter Menschen« zu verweisen, die auch eine Übersicht mit Kurzbeschreibungen zu den verschiedenen Einrichtungen und Diensten enthält. Download im Internet unter:

http://www.bar-frankfurt.de/pdf/AHPsysch.pdf.

Zum Persönlichen Budget gibt es seit Januar 2008 eine Informationsbroschüre für Nutzer, die beim Bundesministerium für Arbeit und Soziales (Adresse im Anhang) bestellt oder im Internet heruntergeladen werden kann:

http://www.bmas.de/coremedia/generator/18612/persoenliches__budget__broschuere.html ■

## Überblick

Nach § 11 SGB V haben in der Gesetzlichen Krankenversicherung Versicherte Anspruch auf Leistungen:

- zur Verhütung von Krankheiten einschließlich der Prävention und Selbsthilfe (§§ 20–24 SGB V),
- zur Früherkennung von Krankheiten (§§ 25, 26 SGB V).
- zur Behandlung einer Krankheit (§§ 27–43 b SGB V),
- in Form des Persönlichen Budgets (§ 17 Abs. 2–4 SGB IX).

Zur Behandlung gehören auch die medizinischen und ergänzenden Leistungen zur Rehabilitation, die notwendig sind, um einer drohenden Behinderung vorzubeugen, eine Behinderung zu beseitigen, zu bessern oder eine Verschlimmerung zu verhüten (§ 11 Abs. 2 SGB V). Leistungsträger sind die gesetzlichen Krankenkassen.

**! Das Leistungsrecht der Gesetzlichen Krankenversicherung folgt den Grundsätzen des Vorrangs von ambulanter vor stationärer Hilfe sowie des Vorrangs der Rehabilitation vor der Pflege.**

Seit dem 1.4.2007 besteht ein Anspruch auf ein Versorgungsmanagement zur Lösung von Problemen beim Übergang in die verschiedenen Versorgungsbereiche (§ 11 Abs. 4 SGB V). Damit soll durch die Leistungserbringer (Krankenhäuser, Reha-Einrichtungen, Ärzte) die sachgerechte Anschlussversorgung sichergestellt werden. Einzelheiten sind vertraglich zu regeln, z. B. in den Verträgen über die integrierte Versorgung (→ S. 99 f.).

Ab dem 1.1.2008 gelten neue Grundsätze für die Förderung der Selbsthilfe (§ 20c SGB V), die gerade für Selbsthilfegruppen von psychisch kranken Menschen wichtig sind. Das geplante Präventionsgesetz konnte bisher aber nicht umgesetzt werden.

Für psychisch kranke Menschen sind vor allem die Leistungen zur Krankenbehandlung von Bedeutung. Grundsätzlich geregelt ist dies in § 27 SGB V:

**! »Versicherte haben Anspruch auf Krankenbehandlung, wenn sie notwendig ist, um eine Krankheit zu erkennen, zu heilen, ihre Verschlimmerung zu verhüten oder Krankheitsbeschwerden zu lindern.«**

Die Krankenbehandlung umfasst im Einzelnen:

- ärztliche einschließlich zahnärztlicher Behandlung (§ 28 SGB V),
- Versorgung mit Arznei-, Verband-, Heil- und Hilfsmitteln (§§ 31–36 SGB V),
- häusliche Krankenpflege und Haushaltshilfe (§§ 37 und 38 SGB V),
- Krankenhausbehandlung (§ 39 SGB V),
- medizinische und ergänzende Leistungen zur Rehabilitation (§§ 40, 43 SGB V) sowie Belastungserprobung und Arbeitstherapie (§ 42 SGB V).

Die im Jahr 2000 für psychisch Kranke neu eingeführte Leistung Soziotherapie (§ 37a SGB V) wird nicht gesondert in dieser Regelung aufgeführt, gehört aber zur Krankenbehandlung.

Allgemein gilt der in § 27 Abs. 1 Satz 3 SGB V formulierte Grundsatz:

**! »Bei der Krankenbehandlung ist den besonderen Bedürfnissen psychisch Kranker Rechnung zu tragen, insbesondere bei der Versorgung mit Heilmitteln und bei der medizinischen Rehabilitation.«**

Die Umsetzung dieses Grundsatzes ist in der Praxis aber nicht immer gewährleistet. Dabei ist auch zu beachten, dass für alle Leistungen der Krankenversicherung ein Wirtschaftlichkeitsgebot (§ 12 SGB V) gilt: Die Leistungen der Krankenversicherung müssen ausreichend, zweckmäßig und wirtschaftlich sein und dürfen das Maß des Notwendigen nicht übersteigen.

Um Leistungen der Gesetzlichen Krankenversicherung zu erhalten, muss man selbst oder als mitversicherter Familienangehöriger Mitglied einer Krankenkasse sein. Näheres ist in den §§ 5–10 SGB V geregelt.

Eine Versicherungspflicht besteht insbesondere für

- Personen, die gegen Entgelt bis zu einer bestimmten Einkommensgrenze beschäftigt sind,
- Personen, die Arbeitslosengeld nach dem SGB III oder Arbeitslosengeld II nach dem SGB II beziehen,
- behinderte Menschen, die in anerkannten Werkstätten für behinderte Menschen tätig sind sowie
- Bezieher von Erwerbsminderungs- oder Altersrenten, soweit bestimmte Vorversicherungszeiten erfüllt sind (§ 5 Abs. 1 SGB V).

Seit dem 1.4.2007 besteht auch eine Versicherungspflicht für Personen, die keinen anderweitigen Anspruch auf Absicherung im Krankheitsfall haben und zuletzt gesetzlich krankenversichert waren (§ 5 Abs. 1 Nr. 13 SGB V). Eine anderweitige Absicherung besteht auch im Fall des Anspruchs auf Hilfe bei

 Krankheit nach § 48 SGB XII (→ S. 149). Ähnliche Vorschriften gibt es für die Private Krankenversicherung. Dank dieser Neuregelung gibt es keine Personen ohne Krankenversicherungsschutz mehr. Wer aus der Gesetzlichen oder Privaten Krankenversicherung herausgefallen ist, kann sich an die Krankenkasse wenden, bei der er zuletzt versichert war. Diese ist zur Aufnahme verpflichtet.

## Zuzahlungen und Belastungsgrenze

Im Zuge der Sparpolitik sind in den letzten Jahren die von den Krankenversicherten zu leistenden Zuzahlungen (§ 61 SGB V) unter anderem bei Arztbesuchen (Praxisgebühr), Arzneimitteln, Krankenhausbehandlung sowie Heilmitteln (Ergotherapie) und häuslicher Krankenpflege erhöht worden. Teilweise gelten Sonderregelungen (z. B. bei Reha-Maßnahmen bei bestimmten Erkrankungen). Fahrtkosten werden bei ambulanten Behandlungen nur noch ausnahmsweise übernommen (§ 60 SGB V). Angesichts dessen gewinnen die Härtefallregelungen in der gesetzlichen Krankenversicherung an Bedeutung, die eine unzumutbare finanzielle Belastung für Menschen mit geringem Einkommen verhindern sollen. Eine vollständige Befreiung von den Zuzahlungen gibt es seit 2004 nicht mehr.

Nach der Regelung der teilweisen Befreiung muss kein Krankenversicherter mehr als zwei Prozent seines Jahresbruttoeinkommens als Zuzahlung leisten (§ 62 SGB V). Für chronisch kranke Menschen gilt dabei eine Sonderregelung: Wer wegen derselben schwerwiegenden Erkrankung in Dauerbehandlung ist, muss nicht mehr als ein Prozent des Bruttoeinkommens leisten. Eine schwerwiegende chronische Krankheit liegt vor, wenn sie wenigstens ein Jahr lang einmal pro Quartal ärztlich behandelt wurde und

- mindestens Pflegestufe II nach dem Recht der gesetzlichen Pflegeversicherung vorliegt (→ S. 128) oder
- ein Grad der Behinderung von mindestens 60 nach dem Schwerbehindertenrecht vorliegt (→ S. 161 ff.) oder
- eine Minderung der Erwerbsfähigkeit von 60 % nach dem Recht der Gesetzlichen Unfallversicherung oder dem Bundesversorgungsgesetz, oder
- eine lebensbedrohliche Verschlimmerung, eine Verminderung der Lebenserwartung oder eine dauerhafte Beeinträchtigung der Lebensqualität ohne kontinuierliche medizinische Versorgung zu erwarten ist.

Allerdings kann trotz des Vorliegens einer chronischen Erkrankung die Belastungsgrenze zwei Prozent des Jahresbruttoeinkommens betragen, wenn der nach dem 1.4.1972 geborene Versicherte ab dem 1.1.2008 eine Beratung über die in § 25 Abs. 1 SGB V vorgesehenen Gesundheitsuntersuchungen nicht regelmäßig in Anspruch genommen hat. Ausgenommen von dieser Verpflichtung sind wiederum Versicherte mit schweren psychischen Erkrankungen nach Nr. 9 der Soziotherapie-Richtlinien (→ S. 90 ff.) oder schweren geistigen Behinderungen.

Bei Empfängern von Hilfe zum Lebensunterhalt (→ S. 148 f.) oder Grundsicherung im Alter und bei Erwerbsminderung (→ S. 150 f.) ist statt des Bruttoeinkommens der Regelsatz der Sozialhilfe, bei Beziehern von Arbeitslosengeld II (→ S. 143) die Regelleistung von zurzeit 347 Euro zugrunde zu legen. Das gilt auch für Versicherte, bei denen die Kosten der Unterbringung in einem Heim oder einer ähnlichen Einrichtung von einem Sozialhilfeträger getragen werden. Voraussetzung für die teilweise Befreiung ist, dass die Betroffenen zum Nachweis geleisteter Zuzahlungen Belege sammeln (Quittungshefte sind bei Krankenkassen und Apotheken erhältlich) und diese der Krankenkasse vorlegen. Dann können sie sich entweder die über der Belastungsgrenze gezahlten Zuzahlungen von der Krankenkasse erstatten lassen oder bei Erreichen der Belastungsgrenze eine Befreiungsbescheinigung beantragen.

Für Bezieher von Sozialhilfe, die in Einrichtungen leben und nur ein Taschengeld, den sogenannten Barbetrag erhalten, übernimmt der Sozialhilfeträger die bis zur Belastungsgrenze zu leistenden Zuzahlungen als Darlehen (§ 35 Abs. 3 SGB XII). Dieses ist aber in gleichen Teilbeträgen über das ganze Jahr zurückzuzahlen (§ 37 Abs. 2 SGB XII). Damit soll eine übermäßige Belastung der Betroffenen zu Anfang des Jahres vermieden werden.

**TIPP** Die Zuzahlungsregelungen sind insgesamt kompliziert und unübersichtlich, sodass im Zweifel die Beratung der Krankenkasse oder unabhängiger Beratungsstellen in Anspruch genommen werden sollte.

## Behandlung durch Ärzte und Psychotherapeuten

### Ärztliche Behandlung

Ärztliche Behandlung umfasst nach § 28 SGB V neben der Tätigkeit des Arztes auch die Hilfeleistung anderer Personen, die vom Arzt angeordnet wird und von ihm zu verantworten ist .

Im Hinblick auf die besonderen Bedürfnisse psychisch Kranker ergeben sich Probleme vor allem daraus, dass die sogenannte »sprechende Medizin«, das ärztliche Beratungsgespräch, nur begrenzt abrechenbar ist. Diese Situation enthebt aber den Arzt nicht von seiner Verpflichtung, den Patienten eingehend zu untersuchen und ihn über die Erkrankung, den möglichen Verlauf und über geplante Behandlungsmaßnahmen einschließlich der damit verbundenen Risiken aufzuklären (→ S. 24 f.).

Zur ärztlichen Behandlung gehört auch die Versorgung im Notfall, die durch die kassenärztlichen Vereinigungen sicherzustellen ist. Dies bedeutet nicht, dass ein psychiatrischer Notdienst vorzuhalten ist. Wo dieser nicht besteht, sind die Hilfen nach dem öffentlichen Gesundheitsrecht, insbesondere nach den PsychKG, in Anspruch zu nehmen (→ S. 200).

## Psychotherapeutische Behandlung

Psychotherapeutische Behandlung gehört grundsätzlich zu den Leistungen, die im Rahmen der vertragsärztlichen Versorgung erbracht werden (§ 28 Abs. 3 SGB V). Für die Behandlung sind nicht nur Fachärzte für Psychotherapie zugelassen, sondern auch Psychologische Psychotherapeuten, sofern sie an der vertragsärztlichen Versorgung beteiligt sind. Die hierbei zu erfüllenden Voraussetzungen sind in §§ 95 ff. SGB V geregelt.

Entgegen früheren Regelungen kann man sich zwar heute direkt an einen Psychologischen Psychotherapeuten oder einen Psychologischen Kinder- und Jugendpsychotherapeuten wenden, dieser muss aber vor Beginn der Psychotherapie den Konsiliarbericht eines Arztes einzuholen, um eine somatische Erkrankungsursache auszuschließen.

Einzelheiten zur Zielsetzung und Durchführung einer psychotherapeutischen Behandlung sind in den Psychotherapie-

Richtlinien sowie der »Vereinbarung über die Anwendung von Psychotherapie in der vertragsärztlichen Versorgung« enthalten. Nach diesen Richtlinien sind als Behandlungsformen anerkannt:

- die tiefenpsychologisch fundierte Psychotherapie,
- die Psychoanalyse,
- die Verhaltenstherapie als Einzel- oder Gruppenbehandlung sowie
- Maßnahmen im Rahmen der psychosomatischen Grundversorgung.

Zu den Maßnahmen im Rahmen der psychosomatischen Grundversorgung gehören z. B. Autogenes Training, Jacobsonsche Relaxationstherapie und Hypnose (diese Techniken dürfen jedoch während einer tiefenpsychologisch fundierten oder analytischen Psychotherapie grundsätzlich nicht angewendet werden). Andere Therapieformen sind nicht zugelassen. Es wird in der Anlage 1 zu den Psychotherapie-Richtlinien ausdrücklich festgehalten: »Die Erfordernisse der Psychotherapie-Richtlinien werden nicht erfüllt von: Gesprächspsychotherapie, Gestalttherapie, Logotherapie, Psychodrama, Respiratorisches Biofeedback, Transaktionsanalyse.«

Zur Übernahme der Kosten muss ein Antrag an die Krankenkasse gestellt werden. Vor der ersten Antragstellung sind allerdings bis zu fünf, bei der analytischen Psychotherapie bis zu acht probatorische Sitzungen möglich, in denen unter anderem abgeklärt wird, ob eine Psychotherapie angezeigt ist und ob ein Vertrauensverhältnis zwischen Psychotherapeut und Klient aufgebaut werden kann.

In den Psychotherapie-Richtlinien werden für die Psychotherapie die Indikationen und Ausschlusskriterien im Abschnitt »D Anwendungsbereiche« wie folgt geregelt:

»1. Indikationen zur Anwendung von Psychotherapie (...) können nur sein:
1.1 Psychoneurotische Störungen (z.B. Angstneurosen, Phobien, neurotische Depressionen, Konversionsneurosen).
1.2 Vegetativ-funktionelle und psychosomatische Störungen mit gesicherter psychischer Ätiologie.
1.3 Im Rahmen der medizinischen Rehabilitation kann Psychotherapie angewendet werden, wenn psychodynamische Faktoren wesentlich Anteil an einer seelischen Behinderung oder an deren Auswirkung haben und mit ihrer Hilfe die Eingliederung in Arbeit, Beruf und/oder Gesellschaft möglichst auf Dauer erreicht werden kann: Indikationen hierfür können nur sein:
1.3.1 Abhängigkeit von Alkohol, Drogen oder Medikamenten nach vorangegangener Entgiftungsbehandlung.
1.3.2 Seelische Behinderung aufgrund frühkindlicher emotionaler Mangelzustände, in Ausnahmefällen seelische Behinderungen, die im Zusammenhang mit frühkindlichen körperlichen Schädigungen und/oder Missbildungen stehen.
1.3.3 Seelische Behinderung als Folge schwerer chronischer Krankheitsverläufe, sofern sie noch einen Ansatz für die Anwendung von Psychotherapie bietet.
1.3.4 Seelische Behinderung aufgrund extremer Situationen, die eine schwere Beeinträchtigung der Persönlichkeit zur Folge hatten.
1.3.5 Seelische Behinderung als Folge psychotischer Erkrankungen, die einen Ansatz für spezifische psychotherapeutische Interventionen erkennen lassen.«

Psychotherapie ist als Leistung der gesetzlichen Krankenversicherung ausgeschlossen, wenn ein Behandlungserfolg nicht zu erwarten ist. Sie wird auch nicht gewährt, wenn sie allein der beruflichen oder sozialen Anpassung dient. Damit werden die Kosten von Erziehungs-, Ehe-, Lebens- oder Sexualberatung von den Krankenkassen grundsätzlich nicht übernommen. Unter dieses Diktum fällt auch die Paartherapie.

Vor Beginn der Psychotherapie sind der Behandlungsumfang und die Behandlungsfrequenz festzulegen. Hinsichtlich des Umfangs wird zwischen der Kurzzeittherapie (bis 25 Stunden) und einer Langzeittherapie unterschieden. Soll eine Kurzzeittherapie in eine Langzeittherapie überführt werden, dann muss bis zur zwanzigsten Sitzung das Gutachterverfahren eingeleitet werden. Für den Umfang einer Langzeitpsychotherapie sind in den Psychotherapie-Richtlinien zeitliche Begrenzungen vorgesehen.

Psychotherapeutische Hilfen sind heute fester Bestandteil jeder psychiatrischen Behandlung. Dennoch bestehen in der Praxis teilweise erhebliche Umsetzungsprobleme. Die meisten psychotherapeutischen Behandlungsformen sind für Menschen mit sogenannten neurotischen Störungen entwickelt worden und dieser Gruppe gilt auch heute noch die größte Aufmerksamkeit in Forschung, Ausbildung und Anwendung der Psychotherapie. Dementsprechend gibt es bislang nur verhältnismäßig wenige Psychotherapeuten, die bereit bzw. in der Lage sind, sich auf die psychotherapeutische Behandlung chronisch psychisch kranker Menschen einzulassen. Da die Psychotherapie-Richtlinien Psychotherapie bei schweren und chronisch verlaufenden psychischen Erkrankungen nur im Rahmen der medizinischen Rehabilitation vorsehen, stellt sich die Aufgabe der Koordination und Abstimmung mit den anderen, gleichzeitig benötigten Hilfeangeboten.

**INFO** Die Psychotherapierichtlinien sind im Internet zu finden unter www.g-ba.de.
Verzeichnisse mit Psychotherapeuten, die zur vertragsärztlichen Versorgung zugelassen sind, können bei den Krankenkassen eingesehen werden.
Beim Bund Deutscher Psychologen (BDP) hilft eine persönliche Telefonberatung bei der Suche nach niedergelassenen Therapeutinnen und Therapeuten, Psychotherapie-Infodienst (PID), Tel.: (02 28) 74 66 99,
E-Mail: wd-pid@t-online.de, Homepage:
http://www.bdp-verband.org/html/praxen/idprax.html.

## Ärztlich verordnete Leistungen

### Arzneimittel

Die Aufgabe der Verordnung und damit auch die Verantwortung für Arzneimittel (§ 31 SGB V) – darunter auch die Psychopharmaka – liegt grundsätzlich beim Arzt. Die Mitglieder einer gesetzlichen Krankenkasse haben im Rahmen der Sachleistung (Behandlung auf Chipkarte) einen Anspruch auf die notwendige ärztliche Behandlung und medizinische Versorgung.

In diesem Zusammenhang ist darauf hinzuweisen, dass es eine Budgetierung (Begrenzung) der Leistungen pro Patient nicht gibt. Dies bedeutet, dass der Arzt sich bei der Verordnung an der therapeutischen Notwendigkeit im Einzelfall und nicht an den Kosten des Medikaments zu orientieren hat. Allerdings besteht seit 2006 eine sog. Bonus-Malus-Regelung, mit der Ärzte stärker in die Verantwortung für die Wirtschaftlichkeit ihrer Arzneimittelverordnungen genommen werden.

Zu den Heilmitteln (§ 32 SGB V) gehören die sogenannten therapeutischen Dienstleistungen. Dazu zählen zum Beispiel Massagen und Krankengymnastik. Die Heilmittel-Richtlinien enthalten aber auch spezielle Leistungen, die den »besonderen Bedürfnissen psychisch Kranker« Rechnung tragen. Sie sind im Internet zu finden unter www.g-ba.de.

Für psychische Erkrankungen ist die Beschäftigungs- und Arbeitstherapie, die sogenannte Ergotherapie besonders wichtig.

**! Allgemeine Zielsetzung der Ergotherapie ist die Wiederherstellung, Entwicklung, Verbesserung, Erhaltung oder Kompensation der krankheitsbedingt gestörten motorischen, sensorischen, psychischen und kognitiven Funktionen und Fähigkeiten.**

Bei psychischen Erkrankungen kommt vorrangig eine psychisch-funktionelle Behandlung in Betracht (Ziffer 20.4 der Richtlinien). Sie dient der gezielten Therapie krankheitsbedingter Einschränkungen der psychosozialen und sozioemotionalen Funktionen und den daraus resultierenden Fähigkeitsstörungen. In Betracht kommt aber auch ein Hirnleistungstraining, bzw. eine neuropsychologisch orientierte Behandlung (Ziffer 20.3 der Richtlinien), die der gezielten Therapie insbesondere der kognitiven Störungen und der daraus resultierenden Fähigkeitsstörungen dient. In den Richtlinien wird eine Zuordnung zu einzelnen Indikationen vorgenommen. Danach kommen Maßnahmen der Ergotherapie bei folgenden Störungen in Betracht:

- geistige und psychische Störungen im Kindes- und Jugendalter;

- neurotische, Persönlichkeits- und Verhaltensstörungen;
- Schizophrenie, schizotype und wahnhafte Störungen, affektive Störungen;
- psychische und Verhaltensstörungen durch psychotrope Substanzen;
- organische, einschließlich symptomatischer psychischer Störungen.

Die Verordnung von Ergotherapie ist nur auf der Grundlage einer psychiatrischen Diagnostik möglich. Bei der Erstverordnung und den Folgeverordnungen können jeweils maximal zehn Einheiten verschrieben werden – bis zu in der Regel 40 Einheiten insgesamt.

Bei der Ausschöpfung der Möglichkeiten ergotherapeutischer Behandlung gibt es teilweise erhebliche regionale Unterschiede. Vielerorts werden ergotherapeutische Leistungen nur selten verordnet, was nicht nur damit zusammenhängt, dass es – gemessen am Bedarf – viel zu wenig Ergotherapeuten gibt, sondern auch vergleichsweise wenige, die Angebote für Menschen mit psychischen Erkrankungen machen. Hinzu kommt, dass das Leistungserbringerrecht vorsieht, dass die Ergotherapie von in eigener Praxis tätigen Ergotherapeuten durchgeführt wird (§§ 124, 125 SGB V). Diese Form der Leistungserbringung wird jedoch dem spezifischen Bedarf gerade chronisch psychisch kranker Menschen kaum gerecht, solange diesen in der Praxis eines Ergotherapeuten nur ein- oder zweimal wöchentlich für 45 Minuten die Möglichkeit zur Beschäftigungs-, Arbeitstherapie oder Belastungserprobung gegeben wird. Es gibt aber immer mehr Regionen, in denen Ergotherapeuten in das psychiatrische Hilfesystem eingebunden werden, z.B. in Tagesstätten. Zum Teil wird die Ergotherapie auch im Rahmen der stufenweisen Wiedereingliederung gemäß § 74 SGB V zur Belastungserprobung am eigenen Arbeitsplatz genutzt (→ S. 105 f.).

## Ambulante psychiatrische Krankenpflege

Die ambulante psychiatrische Krankenpflege ist eine Form der Häuslichen Krankenpflege nach § 37 SGB V. Die häusliche Krankenpflege kann zur Vermeidung oder Verkürzung einer Krankenhausbehandlung oder zur Sicherung des Ziels der ärztlichen Behandlung vom Arzt verordnet werden. Als Leistung zur Vermeidung oder Verkürzung von Krankenhausbehandlung umfasst die häusliche Krankenpflege Grund- und Behandlungspflege (§ 37 Abs. 1 SGB V), zur Sicherung des Ziels der ärztlichen Behandlung die Behandlungspflege (§ 37 Abs. 2 SGB V). Ein Anspruch auf häusliche Krankenpflege besteht nur, wenn die erforderliche Verrichtung von dem Betroffenen nicht selbst durchgeführt oder eine im Haushalt lebende Person die Pflege und Versorgung nicht in dem erforderlichen Umfang leisten kann.

**! Häusliche Krankenpflege kann nicht nur im eigenen Haushalt oder der Familie, sondern auch an anderen geeigneten Orten, insbesondere in betreuten Wohnformen und bei besonders hohem Pflegebedarf auch in Werkstätten für behinderte Menschen und in zugelassenen Pflegeeinrichtungen erbracht werden.**

Welche Orte geeignet sind, wird von dem Gemeinsamen Bundesausschuss in Richtlinien festgelegt (www.g-ba.de).

In den »Richtlinien des Gemeinsamen Bundesausschusses über die Verordnung von ›häuslicher Krankenpflege‹ nach § 92 Abs. 1 Satz 2, Nr. 6 und Abs. 7 SGB V« werden bundesweit einheitlich Verordnung, Ziele und Leistungen der häuslichen Krankenpflege geregelt. Die Maßnahmen, die von einem Arzt verordnet werden können, werden in einem Verzeichnis in der Anlage zu den Richtlinien aufgeführt. Maßnahmen, die nicht in diesem Verzeichnis aufgeführt sind, können vom Arzt nicht verordnet und dürfen von der Kasse nicht genehmigt werden. Mit Beschluss des Gemeinsamen Bundesausschusses vom 15.2.2005 wurden die Richtlinien über die Verordnung von häuslicher Krankenpflege mit Wirkung vom 1.7.2005 hinsichtlich spezieller Leistungen für psychisch kranke Menschen geändert.

In den Vorbemerkungen zum »Verzeichnis verordnungsfähiger Maßnahmen der häuslichen Krankenpflege« wird festgehalten: »Die Leistungen sind unabhängig davon verordnungsfähig, ob es sich um somatische, psychische oder psychosomatische Krankheiten handelt. Bei der Verordnung sind wegen der Krankheitsursache unterschiedliche Verordnungsdauern zu bedenken.«
Das Leistungsverzeichnis gliedert sich in Leistungen der Grundpflege und Leistungen der Behandlungspflege. Auf die Leistungen der Grundpflege, die analog zu den Leistungen der Pflegeversicherung beschrieben werden, besteht nur dann ein Anspruch, wenn durch die häusliche Krankenpflege eine Krankenhausbehandlung vermieden oder verkürzt werden kann und wenn nicht Pflegebedürftigkeit im Sinne der Pflegeversicherung vorliegt.

Für psychisch Kranke grundsätzlich bedeutsamer sind die Leistungen der Behandlungspflege, die nicht nur zur Vermeidung von Krankenhausaufenthalten, sondern auch zur Sicherung des Ziels der ärztlichen Behandlung verordnet werden können und gesetzlich nicht befristet sind. Dieser Teil des Verzeichnisses umfasst vor allem Positionen, die sich auf körperliche Erkrankungen beziehen. Eine Ausnahme bildet die »Medikamentengabe« (auch in Form von Injektionen), die aber nur verordnungsfähig ist »bei Patienten mit:

- einer so hochgradigen Einschränkung der Sehfähigkeit, dass es ihnen unmöglich ist, die Medikamente zu unterscheiden oder die Dosis festzulegen, oder
- einer so erheblichen Einschränkung der Grob- und Feinmotorik der oberen Extremitäten, dass sie die Medikamente nicht an den Ort ihrer Bestimmung führen können, oder
- einer so starken Einschränkung der körperlichen Leistungsfähigkeit, dass sie zu schwach sind, die Medikamente an den Ort ihrer Bestimmung bringen zu können, oder
- einer so starken Einschränkung der geistigen Leistungsfähigkeit oder Realitätsverlust, dass die Compliance bei der medikamentösen Therapie nicht sichergestellt ist.

Dies muss aus der Verordnung hervorgehen.«

Durch die Neuregelung der Richtlinien zum 1.7.2005 wurde der Anwendungsbereich der häuslichen Krankenpflege erweitert und damit ein wichtiger Baustein einer gemeindepsychiatrischen Versorgung geschaffen, der es den Betroffenen grundsätzlich ermöglichen kann, zuhause statt in einer stationären Einrichtung zu leben.

**! Voraussetzung für die Gewährung häuslicher Krankenpflege für psychisch Kranke ist, »dass der Versicherte über eine ausreichende Verhandlungsfähigkeit verfügt, um im Pflegeprozess die im Verzeichnis verordnungsfähiger Maßnahmen genannten Fähigkeitsstörungen positiv beeinflussen zu können, und zu erwarten ist, dass das mit der Behandlung verfolgte Therapieziel von dem Versicherten manifest umgesetzt werden kann.«**

Als Fähigkeitsstörungen mit der Folge, »dass das Leben im Alltag nicht mehr selbstständig bewältigt oder koordiniert werden kann und das Krankheitsbild durch Medikamentengaben allein nicht ausreichend therapiert werden kann,« gelten:

- »Störungen des Antriebs oder der Ausdauer oder der Belastbarkeit in Verbindung mit der Unfähigkeit zur Tagesstrukturierung oder der Einschränkung des planenden Denkens oder des Realitätsbezugs« oder
- »Einbußen bei der Kontaktfähigkeit, den kognitiven Fähigkeiten (...), dem Zugang zur eigenen Krankheitssymptomatik, dem Erkennen und Überwinden von Konfliktsituationen und Krisen«.

Maßnahmen der psychiatrischen Krankenpflege sind durch einen Facharzt zu verordnen (oder durch den Hausarzt bei vorheriger Diagnosesicherung durch den Facharzt) und nur bei Vorliegen einer der im Leistungsverzeichnis benannten Diagnosen verordnungsfähig. Die ärztliche Verordnung häuslicher Krankenpflege bedarf der Genehmigung durch die Krankenkasse.

Als Diagnosen genannt sind unter anderem Demenzen, organische Störungen, Schizophrenie und schizoaffektive Störungen. Können die Voraussetzungen bei erstmaliger Verordnung nicht eingeschätzt werden, ist zunächst eine Erstverordnung für einen Zeitraum von 14 Tagen zum Aufbau der Pflegeakzeptanz, zum Beziehungsaufbau und gegebenenfalls der Anleitung von Angehörigen möglich.

Auch wenn die ambulante psychiatrische Krankenpflege nunmehr eine rechtliche Grundlage erhalten hat, sind die Leistungsvoraussetzungen insbesondere bei den Diagnosen zu eng gefasst. Der Ausschluss von Persönlichkeitsstörungen wurde – ähnlich wie bei der Soziotherapie – vielfach kritisiert.

Probleme ergeben sich auch bei der Umsetzung: Die ambulante psychiatrische Krankenpflege hat sich noch nicht bundesweit etablieren können, sodass das Angebot regional sehr unterschiedlich ist. Bei Betroffenen, die in der Familie leben, stellt sich zudem die Frage, ob eine im Haushalt lebende Person die Aufgabe der Pflege und Versorgung nicht durchführen kann – die psychiatrische Krankenpflege wird nur genehmigt, wenn das nicht der Fall ist. Insofern ist zu klären, ob die häusliche Pflege besondere Fachkenntnisse und daher eine Fachkraft erfordert und ob sie den im Haushalt lebenden Personen zumutbar ist.

Wichtig: Die Verordnung neben Leistungen der Soziotherapie ist möglich, wenn sich die Leistungen aufgrund ihrer jeweils spezifischen Zielsetzung ergänzen.

**INFO** Außerstationäre psychiatrische Pflege: Ambulante psychiatrische Behandlungspflege. Gutachten erstattet durch die Aktion Psychisch Kranke e. V., Schriftenreihe des Bundesministeriums für Gesundheit, Band 121. Baden-Baden 1999. ■

## Soziotherapie

Die Soziotherapie ist zum 1. Januar 2000 in das Krankenversicherungsrecht aufgenommen worden. In § 37 a SGB V heißt es:

**! »Versicherte, die wegen schwerer psychischer Erkrankung nicht in der Lage sind, ärztliche oder ärztlich verordnete Leistungen selbstständig in Anspruch zu nehmen, haben Anspruch auf Soziotherapie, wenn dadurch Krankenhausbehandlung vermieden oder verkürzt wird oder wenn diese geboten, aber nicht ausführbar ist.«**

Die Soziotherapie umfasst die im Einzelfall erforderliche Koordinierung der verordneten Leistungen sowie Anleitung und Motivation zu deren Inanspruchnahme. Der Anspruch besteht für höchstens 120 Stunden innerhalb von drei Jahren je Krankheitsfall. Der Gemeinsame Bundesausschuss regelte in den Soziotherapie-Richtlinien vom 23. August 2001 Voraussetzungen, Art und Umfang der Versorgung (www.g-ba.de).

Schwere psychische Erkrankungen im Sinn der Ziffer 9 der Soziotherapie-Richtlinien sind solche aus den Bereichen des schizophrenen Formenkreises und der affektiven Störungen. Die Eingrenzung des Personenkreises ist problematisch, weil wiederum Patienten mit schweren Persönlichkeitsstörungen – wie bei der ambulanten psychiatrischen Krankenpflege – ausgeschlossen sind. Auch Suchterkrankungen und gerontopsychiatrische Störungen bleiben unberücksichtigt.

Die Schwere der für die Verordnung von Soziotherapie erforderlichen Fähigkeitsstörungen wird anhand der GAF-Skala gemessen. Voraussetzung für die Verordnung von Soziotherapie ist ein Wert von unter 40.

Bei der GAF-Skala (Global Assessment of Functioning) handelt es sich um ein Instrument zur Beurteilung des allgemeinen Funktionsniveaus eines Patienten, das sich auf die psychischen, sozialen und beruflichen Funktionen bezieht. Funktionseinschränkungen aufgrund von körperlichen oder umgebungsbedingten Einschränkungen sollen bei der Bewertung nicht einbezogen werden.

## Auszug aus der GAF-Skala

| Wert | Bei der Beurteilung ist jeweils nicht eine Spanne sondern ein konkreter Wert, z. B. 25, 38 oder 52 anzugeben | |
|---|---|---|
| 100 bis 91 | Hervorragende Leistungsfähigkeit in einem breiten Spektrum von Aktivitäten; Schwierigkeiten im Leben scheinen nie außer Kontrolle zu geraten ... keine Symptome | Soziotherapie kann nicht verordnet werden |
| 90 bis 81 | Keine oder nur minimale Symptome; gute Leistungsfähigkeit in allen Gebieten, interessiert und eingebunden in ein breites Spektrum von Aktivitäten ... | |
| 80 bis 71 | Wenn Symptome vorliegen, sind diese vorübergehende oder zu erwartende Reaktionen auf psychosoziale Belastungsfaktoren; höchstens leichte Beeinträchtigung der sozialen, beruflichen und schulischen Leistungsfähigkeit | |
| 70 bis 61 | Einige leichte Symptome oder einige leichte Schwierigkeiten bezüglich der sozialen, beruflichen oder schulischen Leistungsfähigkeit ... aber im Allgemeinen relativ gute Leistungsfähigkeit ... | |
| 60 bis 51 | Mäßig ausgeprägte Symptome oder einige leichte Schwierigkeiten bezüglich der sozialen, beruflichen oder schulischen Leistungsfähigkeit | |
| 50 bis 41 | Ernste Symptome (z. B. Suizidgedanken, schwere Zwangsrituale ...) oder eine ernste Beeinträchtigung der sozialen, beruflichen, schulischen Leistungsfähigkeit | |
| 40 bis 31 | Einige Beeinträchtigungen in der Realitätskontrolle oder der Kommunikation oder starke Beeinträchtigung in mehreren Bereichen, z. B. Arbeit oder Schule, familiäre Beziehungen, Urteilsvermögen, Denken oder Stimmung | Soziotherapie kann verordnet werden |
| 30 bis 21 | Das Verhalten ist ernsthaft durch Wahnphänomene oder Halluzinationen beeinträchtigt oder ernsthafte Beeinträchtigung der Kommunikation und des Urteilsvermögens oder Leistungsunfähigkeit in fast allen Bereichen (z. B. bleibt den ganzen Tag im Bett keine Arbeit, kein Zuhause, kein Bett) | |
| 20 bis 11 | Selbst- und Fremdgefährdung oder gelegentlich nicht in der Lage, die geringste persönliche Hygiene aufrechtzuerhalten oder grobe Beeinträchtigung der Kommunikation | |
| 10 bis 1 | Ständige Gefahr, sich oder andere schwer zu verletzen oder anhaltende Unfähigkeit, die minimale persönliche Hygiene aufrechtzuerhalten oder ernsthafter Selbstmordversuch mit eindeutiger Todesabsicht | |

Quelle: Diagnostisches und Statistisches Manual Psychischer Störungen DSM-IV, Göttingen 1998

Die Befugnis zur Verordnung von Soziotherapie ist den Fachärzten für Psychiatrie oder Nervenheilkunde vorbehalten, die über eine spezielle Genehmigung der Kassenärztlichen Vereinigung verfügen. Der soziotherapeutische Betreuungsplan muss laut Richtlinien folgende Punkte enthalten: Anamnese, Diagnose, aktuellen Befund mit Art und Ausprägung der Fähigkeitsstörungen des Patienten, die angestrebten Therapieziele und die erforderlichen Teilschritte, die zur Erreichung der Therapieziele vorgesehenen therapeutischen Maßnahmen, die zeitliche Strukturierung der therapeutischen Maßnahmen und die Prognose.

Die Dauer einer Soziotherapieeinheit umfasst 60 Minuten, wobei die Therapieeinheiten in kleinere Zeiteinheiten maßnahmebezogen aufgeteilt werden können. Soziotherapie muss von der Krankenkasse genehmigt werden und darf nur von anerkannten Fachkräften erbracht werden.

Die Krankenkassen oder ihre Verbände schließen zu diesem Zweck mit geeigneten Personen oder Einrichtungen Verträge über die Versorgung mit Soziotherapie. Soweit die Verträge mit den Leistungserbringern inzwischen zustande gekommen sind, enthalten sie insbesondere Regelungen über die Preise soziotherapeutischer Maßnahmen und deren Abrechnung. Außerdem legten die Spitzenverbände der Krankenkassen gemeinsam und einheitlich in Empfehlungen die Anforderungen an die Leistungserbringer für Soziotherapie fest. Diese Empfehlungen sehen vor, dass als Erbringer von Soziotherapie lediglich Fachkrankenpflegekräfte für Psychiatrie sowie Sozialarbeiter und Sozialpädagogen mit psychiatrischer Berufserfahrung in Betracht kommen, die in ein gemeindepsychiatrisches Verbundsystem oder vergleichbare Versorgungsstrukturen eingebunden sind. Die im Einzelnen nachzuweisenden Kenntnisse und berufspraktischen Erfahrungen werden in den Empfehlungen detailliert beschrieben. Weiter enthalten die Empfehlungen Anforderungen an die soziotherapeutische Dokumentation sowie Qualitätssicherung und beschreiben verschiedene in Betracht kommende Organisationsformen für die Erbringung von Soziotherapie.

Mit der Einführung von Soziotherapie waren teilweise hohe Erwartungen verknüpft, vor allem an eine rasche Verfügbarkeit der neuen Leistung. Aber auch mehrere Jahre nach der Einführung der Soziotherapie gibt es nur wenige Anbieter – nicht zuletzt deswegen, weil die Vergütungsverhandlungen zwischen den Leistungserbringern und den Kassen immer wieder scheitern. Solange das so ist, bleiben schwer und chronisch psychisch kranke Menschen auf die Inanspruchnahme von Angeboten verwiesen, die im Rahmen der Eingliederungshilfe nach dem Sozialhilferecht finanziert (z. B. Betreutes Wohnen, Tagesstätten) oder aus kommunalen Mitteln bezuschusst werden (Sozialpsychiatrische Dienste, Kontakt- und Beratungsstellen)

## Haushaltshilfe

Ist wegen einer notwendigen Krankenhausbehandlung die Weiterführung des Haushaltes nicht möglich und ist im Haushalt ein Kind von unter zwölf Jahren oder ein behindertes und hilfebedürftiges Kind zu versorgen, so erhalten psychisch erkrankte Mütter und Väter Haushaltshilfe. Auch dieser Anspruch besteht nur, wenn nicht eine andere im Haushalt lebende Person den Haushalt weiterführen kann (§ 38 SGB V).

### Stationäre Behandlung

Ein Anspruch auf Behandlung in einem Krankenhaus besteht, wenn das Behandlungsziel durch ambulante Maßnahmen einschließlich der häuslichen Krankenpflege nicht zu erreichen ist (§ 39 SGB V). Ein wichtiges Kriterium für die Notwendigkeit der Krankenhausbehandlung ist, dass Ärzte und therapeutisches Personal für die Behandlung verfügbar sein müssen. Es gehört dabei zu den Aufgaben der Krankenhausärzte, im Einzelfall zu überprüfen, ob eine Krankenhausbehandlung notwendig ist – unabhängig davon, ob der Patient von einem niedergelassenen Arzt überwiesen worden ist oder das Krankenhaus selbst mit der Bitte um Aufnahme aufgesucht hat.

Bei länger dauernden Aufenthalten wird die Notwendigkeit der Krankenhausbehandlung vom Medizinischen Dienst der Krankenversicherung überprüft. Das Ergebnis einer solchen Überprüfung kann sein, dass aus Sicht des Medizinischen Dienstes die Hilfe durch ein Heim und durch ambulante ärztliche Behandlung als ausreichend angesehen wird. Eine solche Umwandlung in einen sogenannten »Nichtbehandlungsfall« hat für die Betroffenen erhebliche Konsequenzen, weil dann die Krankenversicherung nicht mehr für den Krankenhausaufenthalt zahlt und der Betroffene auf die Inanspruchnahme von Sozialhilfeleistungen verwiesen wird. Gegen eine solche Umwandlung kann man Widerspruch einlegen.

Nach der neueren Rechtsprechung des Bundessozialgerichts muss die Krankenkasse die Kosten eines Krankenhausaufenthalts dann nicht bezahlen, wenn der Versicherte aus anderen, nicht mit der Behandlung zusammenhängenden Gründen eine spezielle Unterbringung und Betreuung benötigt und nur wegen des Fehlens einer geeigneten Einrichtung vorübergehend im Krankenhaus verbleiben muss (BSG v. 25.9.2007 Az. GS 1/06). Es genügt für die Annahme einer Krankenhausbehandlung insbesondere nicht, wenn nur Unterkunft und Verpflegung zur Verfügung gestellt werden und die Kontrolle der Arzneimitteleinnahme in gleicher Weise im häuslichen Umfeld oder einer geschützten Einrichtung stattfinden könnte (BSG v. 28.2.2007 in Recht & Psychiatrie 2007, S. 140).

**! Für eine Krankenhausbehandlung müssen die spezifischen Mittel eines Krankenhauses zur Behandlung erforderlich sein.**

Bei psychischen Krankheiten kommt es dabei nicht so sehr auf die jederzeitige Erreichbarkeit der Ärzte und des Pflegepersonals, sondern auf eine Gesamtbetrachtung der nach heutigem Stand erforderlichen ärztlich verantworteten Behandlung an, die in der Regel auch die Beteiligung nichtmedizinischer Berufe vorsieht (BSG v. 16.2.2005 in Recht & Psychiatrie 2005, S. 45).

Eine Krankenhausbehandlung kann stationär (mit Unterkunft und Verpflegung) oder als tagesklinische Behandlung (ohne Unterkunft) erfolgen. Sie ist eine von der gesetzlichen Krankenversicherung finanzierte Komplexleistung (§ 39 SGB V), die ärztliche Behandlung, pflegerische Hilfen, diagnostische und therapeutische Leistungen sowie Verpflegung und Unterkunft umfasst.

Für die Vergütung der allgemeinen Krankenhausleistungen wurden inzwischen Fallpauschalen eingeführt. Für psychiatrische Krankenhäuser und psychiatrische Abteilungen an Allgemeinkrankenhäusern ist dagegen weiterhin die Psychiatrie-Personalverordnung zugrunde zu legen. Damit erfolgt die Vergütung der psychiatrischen Krankenhausbehandlung weiterhin entsprechend der tatsächlichen Behandlungsdauer. Für Patienten ist wichtig zu wissen, dass für jeden Einzelnen jeweils ein individuelles Behandlungskonzept zu erstellen ist, bei dem nicht nur die Symptome, sondern auch die infolge der Krankheit eingetretenen Fähigkeitsstörungen und die Lebenssituation zu berücksichtigen sind.

**INFO** Kunze, H.; Kaltenbach, L. (Hg.): Psychiatrie-Personalverordnung. Textausgabe mit Materialien und Erläuterungen für die Praxis. 5. aktualisierte Auflage, Stuttgart 2005. ■

## Psychiatrische Institutsambulanzen

Das Krankenversicherungsrecht sieht neben der Zulassung von Krankenhausärzten zur ambulanten Behandlung (Ermächtigung zur Teilnahme an der vertragsärztlichen Versorgung) auch die Einrichtung von Institutsambulanzen an psychiatrischen Krankenhäusern vor (§ 118 Abs. 1 SGB V).

**! »Die Behandlung ist auf diejenigen Versicherten auszurichten, die wegen Art, Schwere oder Dauer ihrer Erkrankung oder wegen zu großer Entfernung zu geeigneten Ärzten auf die Behandlung durch diese Krankenhäuser angewiesen sind.«**

Institutsambulanzen gibt es inzwischen in fast allen Regionen. Die Spitzenverbände der Krankenkassen, der Deutschen Krankenhausgesellschaft und der Kassenärztlichen Bundesvereinigung haben in der Vereinbarung vom 1.4.2000 die Gruppe psychisch Kranker festgelegt, die wegen der Art, Schwere oder Dauer ihrer Erkrankung der Behandlung durch die Institutsambulanz bedürfen. Diese Vereinbarung enthält außerdem Regelungen zu den Zielen und Leistungen: »Das Angebot der psychiatrischen Institutsambulanzen soll sich an Kranke richten, die von anderen Versorgungsangeboten nur unzureichend erreicht werden. (...) Der Behandlung in einer psychiatrischen Institutsambulanz bedürfen Personen, bei denen einerseits in der Regel langfristige, kontinuierliche Behandlung medizinisch notwendig ist und andererseits mangelndes Krankheitsgefühl und/oder mangelnde Krankheitseinsicht und/oder mangelnde Impulskontrolle der Wahrnehmung dieser kontinuierlichen Behandlung entgegenstehen.

Langfristige, kontinuierliche Behandlung ist indiziert bei psychischen Krankheiten mit chronischem oder chronisch rezidivierendem Verlauf. Dazu gehören insbesondere Schizophrenien, affektive Störungen und schwere Persönlichkeitsstörungen, ferner auch Suchtkrankheiten mit Komorbidität und gerontopsychiatrische Krankheiten. (...)

Das Leistungsangebot der Institutsambulanz hat im Sinne einer Komplexleistung das gesamte Spektrum psychiatrisch-psychotherapeutischer Diagnostik und Therapie entsprechend dem allgemein anerkannten Stand der medizinischen Erkenntnisse zu umfassen. Dazu gehören insbesondere die psychopathologische Befunderhebung, psychologische Diagnostik (Psychometrie), Psychopharmakotherapie, das Instrumentarium der sozialtherapeutischen einschließlich der nachgehenden Behandlung, die Psychoedukation in indikativen Gruppen unter Einbezug der Angehörigen der Kranken und die Psychotherapie entsprechend der Psychotherapie-Richtlinien des Bundesausschusses der Ärzte und Krankenkassen, die ggf. im Rahmen eines individualisierten Gesamtbehandlungsplans zum Einsatz kommen kann. Die psychiatrische Abteilung hat auch für die Institutsambulanz außerhalb der regulären Dienstzeiten einen Notfalldienst zu gewährleisten.«

Institutsambulanzen verfügen über ein multiprofessionelles Mitarbeiterteam (Ärzte, Pflegepersonal, Sozialarbeiter, Diplom-Psychologen etc.), was sie von anderen ambulanten Behandlungsangeboten unterscheidet. Ein weiterer Vorteil ist, dass Patienten von der Station oder Tagesklinik aus ambulant weiterbehandelt werden können, in der sie zuvor stationär behandelt worden sind und eine therapeutische Beziehung aufgebaut haben.

Einschränkungen bei der Umsetzung des breiten Spektrums von Leistungen können sich in der Praxis aus den Vergütungsregelungen ergeben. Die Vergütung für die Institutsambulanzen erfolgt in der Regel durch Fallpauschalen, die teilweise erheblich variieren.

## Integrierte Versorgung

Die in unserem Sozialleistungssystem enthaltene Aufteilung zwischen stationärer und ambulanter Versorgung wird durchbrochen durch Angebote der integrierten Versorgung (§§ 140 ff. SGB V). Dies bedeutet, dass Krankenkassen Verträge über eine verschiedene Leistungssektoren übergreifende Versorgung abschließen können. Dies ist auch im Bereich der psychiatrischen Versorgung möglich, wird bisher aber nur vereinzelt umgesetzt. Die Teilnahme der Versicherten an Angeboten der integrierten Versorgung ist freiwillig. Wer Interesse an der Teilnahme an der

Integrierten Versorgung hat, kann sich an seine Krankenkasse wenden. Diese hat die Pflicht, umfassend über die Verträge zur Integrierten Versorgung, die teilnehmenden Leistungserbringer, besondere Leistungen und vereinbarte Qualitätsstandards zu informieren (§ 140 Abs. 3 SGB V).

## Leistungen zur medizinischen Rehabilitation

Leistungen zur medizinischen Rehabilitation sind ein zunehmend wichtiges Element in der psychiatrischen Versorgung, weil sie einerseits einen umfassenden Behandlungsansatz bieten, andererseits die Gleichstellung psychisch kranker Menschen im Sozialrecht umsetzen, weil diese nicht auf sozialhilfefinanzierte Leistungsangebote angewiesen sind. In den Regelungen des Krankenversicherungsrechts zu den Leistungen zur medizinischen Rehabilitation wird nicht ausdrücklich auf die im SGB IX geregelten Leistungen verwiesen. Bezüglich der in §§ 40–43 SGB V beschriebenen Leistungen ergeben sich aber faktisch Übereinstimmungen mit den in §§ 26 ff. SGB IX geregelten Leistungen (→ S. 63 ff.). Nach den Bestimmungen des SGB V haben Versicherte Anspruch auf alle Leistungen der medizinischer und ergänzender Leistungen zur Rehabilitation einzusetzen, wenn sie »notwendig sind, um:

- einer drohenden Behinderung vorzubeugen,
- eine Behinderung zu beseitigen, zu bessern oder eine Verschlimmerung zu verhüten,
- Pflegebedürftigkeit zu vermeiden oder zu mindern«.

Die Leistungen werden unter Beachtung der Grundsätze des SGB IX (Rehabilitation und Teilhabe) erbracht, soweit im Recht der Krankenversicherung nichts anderes bestimmt ist (§ 11 Abs. 2

SGB V). Die Krankenkasse erbringt Leistungen zur medizinischen Rehabilitation allerdings nur, wenn kein anderer Rehabilitationsträger zu der entsprechenden Leistung verpflichtet ist.

**! Im Bereich der medizinischen Rehabilitation ist wie im gesamten Rehabilitationsrecht der Grundsatz ambulant vor stationär zu beachten.**

Zunächst sind die Möglichkeiten einer ambulanten Krankenbehandlung auszuschöpfen. Können die vorstehend genannten Ziele des § 11 Abs. 2 SGB V nicht durch eine ambulante Krankenbehandlung erreicht werden, dann erbringt die Krankenkasse ambulante Rehabilitationsleistungen. Reicht eine ambulante Maßnahme nicht aus, erbringt die Krankenkasse stationäre Rehabilitation mit Unterkunft und Verpflegung in Einrichtungen, mit denen ein entsprechender Vertrag besteht (§ 40 Abs. 2 SGB V).

## Anspruchsvoraussetzungen

Voraussetzung für die Gewährung von Leistungen zur medizinischen Rehabilitation durch die Krankenversicherung ist, dass Leistungen der Behandlung einschließlich der Verordnung von Arznei- und Heilmitteln, Soziotherapie und/oder häuslicher Krankenpflege nicht ausreichen, um das Ziel der möglichst frühzeitigen Beseitigung oder Verminderung nicht nur vorübergehender Fähigkeitsstörungen oder Beeinträchtigungen zu erreichen.

Leistungen in Rehabilitationseinrichtungen für psychisch Kranke (RPK) werden aber nachrangig gegenüber anderen Trägern der Sozialversicherung, insbesondere dem Rentenversicherungsträger, erbracht (§ 40 Abs. 4 SGB V). Es ist also immer zu prüfen, ob der Betroffene entsprechende Leistungen vom Träger der Rentenversicherung erhalten kann, weil die versicherungsrechtlichen Leistungen hierfür erfüllt sind (→ S. 112 f.). Kommt es zum Streit zwischen den verschiedenen Rehabilitationsträgern, gelten die Regeln des § 14 SGB IX (→ S. 59).

Um dem spezifischen Bedarf psychisch kranker Menschen Rechnung tragen zu können, wurde erstmals im Jahr 1986 eine »Empfehlungsvereinbarung über die Zusammenarbeit der Krankenversicherungsträger und der Rentenversicherungsträger sowie der Bundesagentur für Arbeit bei der Gewährung von Leistungen zur Teilhabe in Rehabilitationseinrichtungen für psychisch kranke und behinderte Menschen« geschlossen. Wesentlich ist dabei der Ansatz, Leistungen der medizinischen Rehabilitation und Leistungen der Teilhabe am Arbeitsleben zu verbinden.

Die 1. 7. 2006 in Kraft getretene neue RPK-Empfehlungsvereinbarung (www.bar-frankfurt.de) regelt für die ambulante und die stationäre Rehabilitation Zuständigkeit, Indikationsstellung, Rehabilitationsziele, Verfahren, Behandlungsfrequenz und Behandlungsdauer. Dabei wird die Rehabilitationsdauer für die medizinische Rehabilitation in Abweichung von den gesetzlichen Vorgaben je nach Einzelfall auf drei bis zwölf Monate festgelegt. Im Weiteren werden die Anforderungen an die Rehabilitationseinrichtung benannt: ganzheitlicher Ansatz, multiprofessionelles Rehabilitationsteam, räumliche und sachliche Ausstattung.

Nach der RPK-Empfehlungsvereinbarung sind zur Klärung der Notwendigkeit und der Zielsetzung von Leistungen der medizinischen Rehabilitation drei Dinge zu prüfen:

- Bedürftigkeit,
- Fähigkeit und
- Erfolgswahrscheinlichkeit.

Dies wird wie folgt ausgeführt:

»Rehabilitationsbedürftigkeit: Rehabilitationsbedürftigkeit bezieht sich auf eine gesundheitlich bedingte drohende oder bereits manifeste Beeinträchtigung der Teilhabe, die über die kurative Versorgung hinaus den mehrdimensionalen und interdisziplinären Ansatz der medizinische Rehabilitation erforderlich macht.

Rehabilitationsfähigkeit: Der Begriff der Rehabilitationsfähigkeit bezieht sich auf die somatische und psychische Verfassung des Rehabilitanden (Motivation/Motivierbarkeit und Belastbarkeit) für die Teilnahme an einer geeigneten Rehabilitation.

Rehabilitationsprognose: Sie ist eine medizinisch begründete Wahrscheinlichkeitsaussage auf der Basis der Erkrankung, des bisherigen Verlaufs, des Kompensationspotenzials/der Rückbildungsfähigkeit unter Beachtung und Förderung der persönlichen Ressourcen (Rehabilitationspotenzial einschließlich psychosozialer Faktoren) über die Erreichbarkeit eines festgelegten Rehabilitationsziels durch eine geeignete Rehabilitationsmaßnahme in einem notwendigen Zeitraum bei Berücksichtigung der individuellen Ausgangssituation.«

Der Antrag auf eine Rehabilitationsmaßnahme ist nach der RPK-Empfehlungsvereinbarung bei dem voraussichtlich zuständigen Rehabilitationsträger zu stellen. Weil psychisch kranke und behinderte Menschen häufig nicht die Voraussetzungen für eine medizinische Reha-Maßnahme durch den hierfür vorrangig zuständigen Rentenversicherungsträger erfüllen, ist dies dann der Träger der Krankenversicherung. Dem Antrag sind folgende Gutachten beizufügen:

- Gutachten des bisher behandelnden Facharztes oder der bisher behandelnden psychiatrischen Klinik,
- Gutachten der voraussichtlich aufnehmenden Rehabilitationseinrichtung sowie
- sonstige vorliegende ärztliche Gutachten und Befundberichte, aus denen die Notwendigkeit der Rehabilitationsmaßnahme und die Eignung des Rehabilitanden einschließlich der Prognose bezüglich der künftigen Erwerbsfähigkeit hervorgehen.

Auf der Grundlage der Gutachten entscheidet die Krankenkasse über eine Bewilligung. An eine erfolgreiche medizinische Rehabilitationsmaßnahme kann sich nahtlos eine Maßnahme der Teilhabe am Arbeitsleben anschließen, wenn diese zur Erreichung der Rehabilitationsziele erforderlich ist (→ S. 65 ff.).

## Leistungen

Leistungen zur medizinischen Rehabilitation sind seit dem 1.4.2007 eine Pflichtleistung der Krankenversicherung, auf die ein Rechtsanspruch besteht. Dies betrifft auch die geriatrische Rehabilitation in stationären Pflegeeinrichtungen (§ 40 Abs. 1 Satz 2 SGB V). Der Versicherte kann nun auch grundsätzlich die Reha-Einrichtung auswählen, soweit mit dieser ein Versorgungsvertrag besteht oder diese anders zertifiziert ist. Besteht kein Versorgungsvertrag, muss der Versicherte aber eventuell anfallende Mehrkosten selbst bezahlen (§ 40 Abs. 2 SGB V). Im Übrigen bestimmt die Krankenkasse Art, Dauer und Umfang der Leistungen (§ 40 Abs. 3 SGB V).

Entsprechend der gesetzlichen Vorgabe können Leistungen zur medizinischen Rehabilitation ambulant oder stationär erbracht werden. Ambulante Leistungen sind auf 20 Behandlungstage begrenzt, stationäre Leistungen auf drei Wochen erbracht, es sei denn, eine Verlängerung der Maßnahme ist aus medizinischen Gründen dringend erforderlich.

Reha-Einrichtungen im Sinne des Krankenversicherungsrechts sind Einrichtungen, die »fachlich-medizinisch unter ständiger ärztlicher Verantwortung und unter Mitwirkung von besonders geschultem Personal darauf eingerichtet sind, den Gesundheitszustand der Patienten nach einem ärztlichen Behandlungsplan vorwiegend durch die Anwendung von Heilmitteln einschließlich Krankengymnastik, Bewegungstherapie, Sprachtherapie oder Arbeits- und Beschäftigungstherapie, ferner durch andere geeignete Hilfen, auch durch geistige und seelische Einwirkungen, zu verbessern und den Patienten bei der Entwicklung eigener Abwehr- und Heilungskräfte zu helfen« (§ 107 Abs. 2 Nr. 2 SGB V).

Inzwischen existieren bundesweit Rehabilitationseinrichtungen für psychisch Kranke und Behinderte, auch wenn es aber nach wie vor regionale Unterschiede gibt. Es ist zu hoffen, dass es zukünftig mehr wohnortnahe Angebote der ambulanten medizinischen Rehabilitation für Personen gibt, die Angebote der stationären Rehabilitation nicht in Anspruch nehmen können oder wollen.

## Arbeitstherapie und Belastungserprobung

Arbeitstherapie und Belastungserprobung (§ 42 SGB V) gehören ebenfalls zu den Leistungen der medizinischen Rehabilitation

(§ 26 Abs. 2 Nr. 7 SGB IX), die von der Krankenversicherung aber nur dann erbracht werden, wenn kein anderer Träger der Sozialversicherung zuständig ist – damit ist wiederum meistens die Rentenversicherung gemeint. Ziel von Arbeitstherapie und Belastungserprobung ist die Wiedererlangung von Grundarbeitsfähigkeiten.

Im Unterschied zu Arbeitstherapie und Belastungserprobung steht der Erwerb konkreter berufsbezogener Fähigkeiten, der zu den Leistungen der Teilhabe am Arbeitsleben gehört und damit nicht in die Zuständigkeit der Krankenversicherung fällt. In der Praxis kann diese Abgrenzung aber schwierig sein, etwa wenn im Rahmen der stufenweisen Wiedereingliederung Ergotherapie am eigenen Arbeitsplatz gewährt wird oder ambulante Arbeitstherapie nicht im psychiatrischen Krankenhaus, sondern in kooperierenden Betrieben erfolgt.

## Stufenweise Wiedereingliederung

Die stufenweise Wiedereingliederung (§ 74 SGB V, § 28 SGB IX) war eine zunächst nur im Krankenversicherungsrecht geregelte Maßnahme, die mit dem SGB IX in den Katalog der Leistungen der medizinischen Rehabilitation aufgenommen wurde und nun von allen Trägern der medizinischen Rehabilitation, also insbesondere auch der Renten- und Unfallversicherung, erbracht wird, sofern dort keine abweichenden Regelungen getroffen werden.

Eingeführt wurde die stufenweise Wiedereingliederung um Menschen nach einer schweren Erkrankung mit lang andauernder Arbeitsunfähigkeit die Rückkehr an den früheren Arbeitsplatz zu erleichtern. Je nach Situation des Einzelfalls und den organisatorischen Möglichkeiten des Betriebes kann zunächst eine stundenweise Beschäftigung vereinbart werden, die dann kontinuierlich ausgebaut wird, bis nach einigen Wochen oder Monaten die volle Arbeitsfähigkeit und Belastbarkeit erreicht wird.

Der Kranke bleibt während der gesamten Dauer der Wiedereingliederungsmaßnahme arbeitsunfähig im Sinne der Vorschriften der gesetzlichen Krankenversicherung. Ihm steht Krankengeld unter Anrechnung des gegebenenfalls vom Arbeitgeber gezahlten Teilarbeitsentgeltes zu.

Ein Wiedereingliederungsplan kann durch eine Abstimmung zwischen dem behandelnden Arzt, der zuständigen Krankenversicherung und dem Arbeitgeber erstellt werden, wenn der Betroffene das möchte. Es besteht allerdings für den Arbeitgeber keine Verpflichtung, stufenweise Wiedereingliederungsmaßnahmen durchzuführen.

**INFO** Bundesarbeitsgemeinschaft für Rehabilitation: Arbeitshilfe zur stufenweisen Wiedereingliederung in den Arbeitsprozess. Bezug: nur über Bundesarbeitsgemeinschaft für Rehabilitation, siehe Anhang, oder kostenlos als Download unter www.bar-frankfurt.de. ■

## Ergänzende Leistungen zur medizinischen Rehabilitation

Die Krankenkassen können ergänzende Leistungen zur Rehabilitation erbringen (§ 43 SGB V). Hierzu zählen neben Beiträgen und Beitragszuschüssen zur Sozialversicherung auch Reisekosten, Haushaltshilfe und Kinderbetreuungskosten (§ 44 Abs. 1 Nr. 2–6 und §§ 53, 54 SGB IX), ferner Leistungen, »die unter Berücksichtigung von Art und Schwere der Behinderung erforderlich sind, um das Ziel der Rehabilitation zu erreichen oder zu sichern, die aber nicht zu den Leistungen zur Teilhabe am Arbeitsleben oder den Leistungen zur allgemeinen sozialen Eingliederung gehören«. Dazu gehören zum Beispiel Schulungsmaßnahmen für chronisch Kranke, bei denen auch Angehörige und ständige Bezugspersonen einzubeziehen sind, wenn dies aus medizinischen Gründen erforderlich ist (§ 43 SGB V). Eine weiter gehende Präzisierung der hierbei in Betracht kommenden Leistungen erfolgt im Krankenversicherungsrecht nicht, es kann aber inhaltlich auf die in §26 Abs. 3 SGB IX genannten Leistungen (→S. 63) verwiesen werden.

## Krankengeld

Das Krankengeld dient der ökonomischen Absicherung im Krankheitsfall. Zu den Voraussetzungen für einen Anspruch auf Krankengeld gehört unter anderem, dass die betroffene Person infolge einer Erkrankung arbeitsunfähig ist oder auf Kosten der Krankenkasse in einem Krankenhaus oder einer Rehabilitationseinrichtung behandelt wird (§§ 44–51 SGB V).

**! Die Arbeitsunfähigkeit wird in der Regel im Hinblick auf die zuletzt ausgeübte Berufstätigkeit festgestellt.**

Entscheidend sind nicht das Vorliegen einer psychischen Krankheit, sondern die sich daraus ergebenden Leistungsbeeinträchtigungen. Bei wiederholter oder längerfristiger Arbeitsunfähigkeit wegen derselben Krankheit wird Krankengeld längstens für 78 Wochen innerhalb von drei Jahren gewährt. Im Anschluss an das Krankengeld kommt je nach Gesundheitszustand und Leistungsfähigkeit die Gewährung von Erwerbsminderungsrente, Arbeitslosengeld oder Sozialhilfeleistungen in Betracht.

**INFO** Bundesministerium für Gesundheit (Hg.): Die gesetzliche Krankenversicherung. Die Broschüre informiert über Entwicklungen in der Krankenversicherung sowie über deren Aufgaben und Leistungen. ■

## Überblick

Wichtigste Leistung der Gesetzlichen Rentenversicherung (SGB VI) ist die Altersrente, die in der Regel an Versicherte nach Vollendung des 65. Lebensjahres gewährt wird. Unter bestimmten Voraussetzungen können schwerbehinderte Menschen die Altersrente auch schon vor Vollendung des 65. Lebensjahres in Anspruch nehmen, keinesfalls aber vor Vollendung des 60. Lebensjahres. Ab dem Jahr 2012 werden die Altersgrenzen schrittweise angehoben.

Neben der Gewährung von Altersrente ist die Gesetzliche Rentenversicherung vor allem zuständig für die Gewährung von

- Leistungen zur medizinischen Rehabilitation,
- Leistungen zur Teilhabe am Arbeitsleben,
- ergänzenden Leistungen sowie
- Renten wegen verminderter Erwerbsfähigkeit.

Die Inanspruchnahme von Leistungen der Gesetzlichen Rentenversicherung setzt voraus, dass die jeweiligen versicherungsrechtlichen Voraussetzungen erfüllt sind. Diese unterscheiden sich je nach Leistungsart. Träger der Rentenversicherung sind die Deutsche Rentenversicherung Bund bzw. Regionalträger.

## Leistungen zur Teilhabe

Die Leistungen der Rentenversicherung zur medizinischen Rehabilitation und zur Teilhabe am Arbeitsleben haben das Ziel, den Versicherten in das Erwerbsleben einzugliedern und damit die Gewährung von Renten wegen verminderter Erwerbsfähigkeit zu vermeiden oder zumindest hinauszuschieben. Die Rehabilitations- und Teilhabeleistungen werden auf Antrag gewährt, wenn die persönlichen und die versicherungsrechtlichen Voraussetzungen erfüllt sind.



## Persönliche Anspruchsvoraussetzungen

Nach § 10 SGB VI haben Versicherte für Leistungen zur medizinischen Rehabilitation und zur Teilhabe am Arbeitsleben die persönlichen Voraussetzungen erfüllt, wenn

1. die Erwerbsfähigkeit wegen Krankheit oder körperlicher, geistiger, seelischer Behinderung erheblich gefährdet oder gemindert ist und
2. voraussichtlich durch die Leistungen
   a. bei erheblicher Gefährdung der Erwerbsfähigkeit eine Minderung der Erwerbsfähigkeit abgewendet werden kann,
   b. bei geminderter Erwerbsfähigkeit diese wesentlich gebessert oder wiederhergestellt werden kann oder hierdurch deren wesentliche Verschlechterung abgewendet werden kann,
   c. bei teilweiser Erwerbsminderung ohne Aussicht auf eine wesentliche Besserung der Arbeitsplatz erhalten werden kann.

**! Für Rehabilitationsleistungen durch die Rentenversicherung ist eine günstige Erwerbsprognose erforderlich, allein die Möglichkeit eines Rehabilitationserfolges reicht nicht aus.**

Dementsprechend zahlt die Rentenversicherung nicht, wenn die Prognose ungünstig oder zweifelhaft ist. Hinweise für die

Begutachtung durch die Rentenversicherung enthalten die vom Verband Deutscher Rentenversicherungsträger vorgelegten »Empfehlungen für die sozialmedizinische Beurteilung psychischer Störungen« vom Oktober 2001. Danach müssen für Reha-Maßnahmen durch die gesetzliche Rentenversicherung »folgende Grundvoraussetzungen erfüllt sein:

- Das Störungsbild darf nicht mehr akut behandlungsbedürftig sein.
- Der Versicherte muss den Sinn der Maßnahme verstehen können und die vorgesehenen Maßnahmen auch unter Berücksichtigung vorhandener Alternativen bejahen.
- Trotz möglicher Einschränkungen muss ausreichende Belastbarkeit vorliegen.
- Es muss eine hinreichende Erfolgsaussicht im Sinne der Rentenversicherung bestehen.

Dies bedeutet, dass durch die Maßnahme zur Rehabilitation entweder eine auf dem allgemeinen Arbeitsmarkt verwertbare Leistungsfähigkeit erreicht werden kann bzw. die Gefahr einer Minderung der Leistungsfähigkeit in zeitlicher und qualitativer Hinsicht abgewendet werden kann« (zur Rehabilitationsprognose in der Gesetzlichen Krankenversicherung →S. 103). Gerade die Erwerbsprognose ist bei psychisch kranken Menschen oft schwierig zu stellen.

## Versicherungsrechtliche Voraussetzungen

Vielfach ergeben sich auch Probleme bezüglich der Erfüllung der versicherungsrechtlichen Voraussetzungen, die sich nach der vorausgegangenen Erwerbstätigkeit richten (§ 11 Abs. 1 SGB VI). Neben den genannten persönlichen Voraussetzungen muss der Antragsteller entweder die Wartezeit von 15 Jahren mit Beitrags- oder Ersatzzeiten erfüllt haben oder eine Rente wegen verminderter Erwerbsfähigkeit beziehen.

Da psychisch kranke Menschen diese versicherungsrechtlichen Voraussetzungen oft nicht erfüllen, ist für Leistungen der Teilhabe am Arbeitsleben häufig die Bundesagentur für Arbeit zuständig.

Anders ist es,

- wenn ohne die Leistungen zur Teilhabe Rente wegen verminderter Erwerbsfähigkeit zu leisten wäre oder
- wenn Leistungen zur Teilhabe am Arbeitsleben für eine erfolgreiche Rehabilitation unmittelbar im Anschluss an die Leistungen zur medizinischen Rehabilitation der Träger der Rentenversicherung erforderlich sind (§ 11 Abs. 2a SGB VI).

Für Leistungen zur medizinischen Rehabilitation sind die versicherungsrechtlichen Voraussetzungen auch erfüllt, wenn die Versicherten

- in den letzten zwei Jahren für sechs Kalendermonate Pflichtbeiträge entrichtet oder
- innerhalb von zwei Jahren nach einer Ausbildung eine versicherte Beschäftigung aufgenommen haben oder
- vermindert erwerbsfähig oder davon bedroht sind und die allgemeine Wartezeit von fünf Jahren erfüllen.

Diese Voraussetzungen sind häufiger gegeben mit der Folge, dass die Rentenversicherung – in diesem Fall in Abgrenzung zur Krankenversicherung – die medizinische Rehabilitation bezahlen muss. Kommt es zum Streit zwischen den in Betracht kommenden Rehabilitationsträgers, greift auch hier § 14 SGB IX, damit der Betroffene die erforderlichen Leistungen zügig erhält (→ S. 59).

Bezüglich des Katalogs der Leistungen zur medizinischen Rehabilitation verweist § 15 SGB VI auf die im SGB IX beschriebenen Leistungen (§§ 26–31 SGB IX), von denen aber Leistungen der Früherkennung und Frühförderung behinderter Kinder nicht durch die Rentenversicherung erbracht werden (→ S. 63 ff.).

Wie auch im Krankenversicherungsrecht werden stationäre Leistungen zur medizinischen Rehabilitation für längstens drei Wochen erbracht. Sie können für einen längeren Zeitraum erbracht werden, wenn dies erforderlich ist, um das Rehabilitationsziel zu erreichen (§ 15 Abs. 3 SGB VI). Bei medizinischen Reha-Maßnahmen wegen psychischer Erkrankungen ist dies regelmäßig der Fall (zur RPK-Empfehlungsvereinbarung → S. 102 ff.).

Die Rentenversicherung erbringt ambulante und stationäre Leistungen zur medizinischen Rehabilitation nur in Einrichtungen, mit denen sie einen Vertrag geschlossen hat. Dabei muss die Einrichtung im Unterschied zu den Anforderungen des Krankenversicherungsrechts nicht unter ständiger ärztlicher Verantwortung stehen, »wenn die Art der Behandlung dies nicht erfordert« (§ 15 Abs. 2 SGB VI). Vor diesem Hintergrund wurden in einigen Regionen, insbesondere in Nordrhein-Westfalen, Verträge zwischen den Rentenversicherungsträgern und sogenannten »Übergangseinrichtungen« abgeschlossen. Die Krankenkassen übernehmen hier keine Leistungen zur medizinischen Rehabilitation, da sie eine ständige ärztliche Verantwortung voraussetzen.

## Leistungen zur Teilhabe am Arbeitsleben



Die Rentenversicherung erbringt Leistungen zur Teilhabe am Arbeitsleben gemäß § 16 SGB VI entsprechend den dargestellten Regelungen der §§ 33–38 im SGB IX (→ S. 66 f.) sowie im Eingangsverfahren und im Berufsbildungsbereich der Werkstätten für behinderte Menschen nach § 40 SGB IX.

## Übergangsgeld

Für die Dauer von Maßnahmen zur medizinischen Rehabilitation oder der Teilhabe am Arbeitsleben durch die Rentenversicherung besteht ein Anspruch auf Übergangsgeld (§§ 20–27 SGB VI), wenn Arbeitsunfähigkeit besteht oder wegen dieser Maßnahme keine ganztägige Erwerbstätigkeit ausgeübt werden kann. Auf das Übergangsgeld wird gleichzeitig erzieltes Einkommen angerechnet.

## Ergänzende und sonstige Leistungen

Außer dem Übergangsgeld können als ergänzende Leistungen nach § 44 Abs. 1 Nr. 2–6 und §§ 53, 54 SGB IX erbracht werden:

- Beiträge und Beitragszuschüsse zur Sozialversicherung,
- ärztlich verordneten und ärztlich betreuten Rehabilitationssport in Gruppen,
- ärztlich verordnetes und fachkundig angeleitetes Funktionstraining in Gruppen,
- Reisekosten,
- Kosten für eine Betriebs- oder Haushaltshilfe und die Kinderbetreuung.

Zu den sonstigen Leistungen gehören nachgehende Leistungen zur Sicherung des Erfolges der Leistungen zur Teilhabe, beispielsweise Beratungen oder Seminare.

## Renten wegen verminderter Erwerbsfähigkeit

Die Rente wegen verminderter Erwerbsfähigkeit (§ 43 SGB VI) ersetzt die frühere Erwerbs- und Berufsunfähigkeitsrente. Dabei wurde ein in Abhängigkeit von der durchschnittlichen täglichen Belastung gestuftes Recht geschaffen.

### Persönliche Anspruchsvoraussetzungen

Wer auf dem allgemeinen Arbeitsmarkt nur noch weniger als drei Stunden täglich erwerbstätig sein kann, erhält eine volle Erwerbsminderungsrente, wer noch zwischen drei und sechs Stunden täglich erwerbstätig sein kann, bekommt eine halbe. Versicherte mit einem Leistungsvermögen von mindestens sechs Stunden erhalten keine Erwerbsminderungsrente.

Die Rente wegen verminderter Erwerbsfähigkeit kann je nach Situation des Einzelfalls zeitlich befristet oder auf Dauer (bis zum Erreichen der Altersrente) gewährt werden. In der Regel wird die Erwerbsminderungsrente zunächst befristet bewilligt. Für die Beurteilung der Erwerbsminderung ist auf die krankheitsbedingten Leistungsbeeinträchtigungen abzustellen.

**! Das Vorliegen einer psychischen Krankheit allein begründet noch keine Erwerbsminderung. Erwerbsminderung kommt vor allem bei einem chronischen Verlauf und dem Scheitern ambulanter und stationärer Behandlungs- und Rehabilitationsversuche in Betracht.**

Durch diese Regelung ist für alle, die noch zwischen drei und sechs Stunden arbeiten können, die Lohnersatzfunktion der Rente verloren gegangen: Sie erhalten nur noch die halbe Erwerbsminderungsrente. Sofern diese Menschen kein Teilzeitarbeitsverhältnis aufnehmen können (was in Anbetracht der hohen Arbeitslosenquote sowie der besonderen Probleme von psychisch kranken und behinderten Menschen auf dem allgemeinen Arbeitsmarkt häufig vorkommt), ist dieser Personenkreis häufig zur Absicherung des Lebensunterhalts auf das Arbeitslosengeld II angewiesen (→S. 143). Ein Anspruch auf Leistungen der bedarfsorientierten Grundsicherung besteht nur, wenn eine volle Erwerbsminderung auf Dauer festgestellt wurde.

## Versicherungsrechtliche Anspruchsvoraussetzungen

Wer eine Rente wegen verminderter Erwerbsfähigkeit beansprucht, muss in der Regel eine Wartezeit von 60 Kalendermonaten zurückgelegt haben. Die Wartezeit wird grundsätzlich nur durch Beitragszeiten erfüllt (§ 51 SGB VI). Zusätzlich müssen in den letzten fünf Jahren vor Eintritt der Erwerbsminderung drei Jahre Pflichtbeiträge für eine versicherte Beschäftigung oder Tätigkeit bezahlt worden sein (§ 43 Abs. 1 und 2 SGB VI). Der Zeitraum von fünf Jahren kann sich um Krankheits- und Ausbildungszeiten verlängern (§ 43 Abs. 4 SGB VI).

Die allgemeine Wartezeit ist auch erfüllt, »wenn Versicherte vor Ablauf von sechs Jahren nach Beendigung einer Ausbildung voll erwerbsgemindert geworden sind und in den letzten zwei Jahren vorher ein Jahr mit Pflichtbeiträgen haben« (§ 53 Abs. 2 SGB VI). Der Zeitraum von zwei Jahren vor Eintritt einer vollen Erwerbsminderung verlängert sich um die Zeiten einer schulischen Ausbildung nach Vollendung des 17. Lebensjahres, maximal um bis zu sieben Jahre. Diese Regelung ist für psychisch kranke junge Menschen wichtig, die nach ihrer Ausbildung die allgemeine Wartezeit nicht erfüllen.

**INFO** Informationen zur gesetzlichen Rentenversicherung sind beim Bundesministerium für Arbeit und Soziales (siehe Anhang) erhältlich. Zu verweisen ist insbesondere auf die Broschüre »Ratgeber zur Rente«, in der alle Aspekte des Rentenrechts einschließlich der Rente wegen Erwerbsminderung dargestellt werden; Download unter:
http://www.bmas.bund.de/download/broschueren/A815.pdf.
Zur Überprüfung bzw. Klärung von Vorversicherungs- und Anerkennungszeiten können die Beratungsstellen der Rentenversicherungsträger in Anspruch genommen werden. Die Adressen sind bei dem jeweils zuständigen Rentenversicherungsträger (Deutsche Rentenversicherung Bund und Regionalträger) erhältlich. Daneben kann auch das kostenpflichtige Angebot von Rentenberatern in Anspruch genommen werden. ■

## Überblick

Die Maßnahmen der Arbeitsförderung umfassen ein breites Spektrum von Leistungen an Arbeitnehmer, Arbeitgeber und Träger von Arbeitsförderungsmaßnahmen, die in § 3 SGB III in einer Übersicht aufgeführt werden.

Zu den Leistungen für Arbeitnehmer gehören unter anderem:

- Berufsberatung sowie Ausbildungs- und Arbeitsvermittlung und diese unterstützende Leistungen; hierzu gehören auch die Kosten für die Erstellung und Versendung von Bewerbungsunterlagen bis zu einem Betrag von 260 Euro jährlich sowie die Übernahme von Reisekosten, die im Zusammenhang mit Vorstellungsgesprächen oder Fahrten zur Berufsberatung, Vermittlung und Eignungsfeststellung anfallen (§§ 45, 46 SGB III);
- für behinderte Menschen allgemeine und besondere Leistungen zur Teilhabe am Arbeitsleben (§§ 97–103 SGB III);
- Arbeitslosengeld (§§ 117 ff. SGB III).

Zu den Leistungen an Arbeitgeber gehören beispielsweise Zuschüsse zu den Arbeitsentgelten bei Eingliederung von Langzeitarbeitslosen sowie von behinderten und schwerbehinderten Arbeitnehmern (§ 217 ff. SGB III).

Die Leistungen an Träger von Arbeitsförderungsmaßnahmen umfassen unter anderem Darlehen und Zuschüsse für Einrichtungen der beruflichen Aus- und Weiterbildung, der beruflichen Eingliederung behinderter Menschen oder die Übernahme der Kosten für berufsvorbereitende Bildungsmaßnahmen und Ausbildungen in außerbetrieblichen Einrichtungen.

Wie auch bei den anderen Sozialleistungsgesetzen sind die meisten Leistungen der Arbeitsförderung wie die Gewährung von Arbeitslosengeld oder Leistungen zur Teilhabe am Arbeitsleben für behinderte Menschen an die Erfüllung persönlicher und versicherungsrechtlicher Voraussetzungen gebunden. Träger der Arbeitsförderung nach dem SGB III ist die Bundesagentur für Arbeit mit ihren Unterbehörden, den jeweiligen Landesarbeitsagenturen und örtlichen Arbeitsagenturen.

## Förderung der Teilhabe behinderter Menschen am Arbeitsleben

Die Leistungen zur Förderung der Teilhabe behinderter Menschen am Arbeitsleben sind für psychisch kranke Menschen deswegen von erheblicher Bedeutung, weil sie die versicherungsrechtlichen Voraussetzungen der nach § 22 Abs. 2 SGB III vorrangig zuständigen Rentenversicherungsträger häufig nicht erfüllen (→ S. 117). Der Begriff der Behinderung wird in § 19 SGB III in Anlehnung an die allgemeine Regelung des § 2 SGB IX definiert (→ S. 18 ff.). Bezieher von Arbeitslosengeld II erhalten entsprechende Leistungen nach dem SGB II.

Bei den Leistungen sind allgemeine und besondere Leistungen zu unterscheiden. Die besonderen Leistungen zur beruflichen Eingliederung Behinderter werden nur erbracht, soweit eine berufliche Eingliederung nicht bereits durch die allgemeinen Leistungen erreicht werden kann (§ 98 SGB III). Mit Ausnahme der besonderen Leistungen handelt es sich um Ermessensleistungen (§ 3 Abs. 5 SGB III). Danach können die Leistungen erbracht werden, die wegen Art oder Schwere der Behinderung erforderlich sind, um die Erwerbsfähigkeit der behinderten Menschen zu erhalten, zu bessern, herzustellen oder wieder herzustellen und ihre Teilhabe am Arbeitsleben zu sichern (§ 97 Abs. 1 SGB III). Laut (§ 97 Abs. 2 SGB III) ist dabei den individuellen und arbeitsmarktspezifischen Bedingungen Rechungen zu tragen:

**! Bei der Auswahl der Leistungen ist neben Eignung, Neigung und bisheriger Tätigkeit des Behinderten auch die Entwicklung des Arbeitsmarktes angemessen zu berücksichtigen.**

Die allgemeinen Leistungen, die auch nichtbehinderten Menschen gewährt werden, umfassen nach § 100 SGB III die Leistungen zur:

- Unterstützung der Beratung und Vermittlung (§§ 29 ff. SGB III),
- Verbesserung der Eingliederungsaussichten (z. B. Trainingsmaßnahmen, §§ 48 ff. SGB III),
- Förderung der Aufnahme einer Beschäftigung (z. B. Mobilitätshilfen §§ 53 ff. SGB III),
- Förderung der Aufnahme einer selbstständigen Tätigkeit (§§ 57 f. SGB III),
- Förderung der Berufsausbildung (Berufsausbildungsbeihilfe, §§ 59 ff. SGB III),
- Förderung der beruflichen Weiterbildung (§§ 77 ff. SGB III).

Besondere Leistungen zur beruflichen Eingliederung werden erbracht, wenn Art und Schwere der Behinderung oder die Sicherung der Teilhabe am Arbeitsleben die Teilnahme an einer Maßnahme in einer besonderen Einrichtung für behinderte Menschen erfordern. Voraussetzung ist, dass die allgemeinen Leistungen die erforderlichen Maßnahmen nicht oder nicht im erforderlichen Umfang vorsehen (§ 102 Abs. 1 SGB III).

Besondere Einrichtungen für behinderte Menschen sind Berufsbildungs- und Berufsförderungswerke, Einrichtungen der medizinisch-beruflichen Rehabilitation wie Rehabilitationseinrichtungen für psychisch Kranke (→ S. 101 ff.) und Werkstätten für behinderte Menschen. Berufsbildungswerke dienen der beruflichen Erstausbildung junger Menschen mit Behinderung, für die keine anderweitige Ausbildungsmöglichkeit besteht. Berufsförderungswerke dienen der beruflichen Weiterbildung erwachsener behinderter Menschen.

Eingliederungsmaßnahmen in anerkannten Werkstätten für behinderte Menschen (WfbM) sehen zunächst ein bis zu vier Wochen dauerndes Eingangsverfahren vor, in dem festzustellen ist, ob sich die Werkstatt für die berufliche Eingliederung eignet und welche ihrer Bereiche dafür in Betracht kommt. Im eigentlichen Berufsbildungsbereich einer WfbM können Maßnahmen dann bis zu einer Dauer von zwei Jahren erbracht werden, um die Leistungs- oder Erwerbsfähigkeit so weit wie möglich zu entwickeln, zu erhöhen oder wieder zu gewinnen. Die Maßnamen werden nur gewährt, wenn erwartet werden kann, dass der Behinderte danach in der Lage ist, wenigstens ein Mindestmaß an wirtschaftlich verwertbarer Arbeitsleistung im Sinne des § 136 SGB IX (Schwerbehindertenrecht) zu erbringen (§ 102 Abs. 2 SGB III).

Die besonderen Leistungen umfassen nach § 103 SGB III:

- die Zahlung von Übergangsgeld,
- das Ausbildungsgeld, wenn ein Übergangsgeld nicht erbracht werden kann,
- die Übernahme der Teilnahmekosten für eine Maßnahme.

Anspruch auf Arbeitslosengeld hat, wer arbeitslos gemeldet ist und die Anwartschaftszeit erfüllt (§§ 117 ff. SGB III). Die Anwartschaftszeit hat erfüllt, wer in den vorausgegangenen zwei Jahren mindestens zwölf Monate in einem Versicherungspflichtverhältnis gestanden hat. Die Dauer des Arbeitslosengeldes ist auf zwölf Monate begrenzt, für ältere Arbeitnehmer kann die Bezugsdauer bis zu 24 Monaten betragen. Danach besteht gegebenenfalls ein Anspruch auf Arbeitslosengeld II (→S. 143).

Für psychisch kranke Menschen kann die Regelung von Bedeutung sein, dass Anspruch auf Arbeitslosengeld trotz einer bestehenden Minderung der Leistungsfähigkeit bestehen kann, wenn der Träger der gesetzlichen Rentenversicherung eine Erwerbsminderung noch nicht festgestellt hat (sog. Nahtlosigkeitsregelung, § 125 SGB III). Allerdings ist der Betroffene verpflichtet, einen Antrag auf Leistungen zur medizinischen Rehabilitation oder Teilhabe am Arbeitsleben zu stellen.

**INFO** Beratung und Information zu den Leistungen der Arbeitsförderung sind Aufgaben der Arbeitsagenturen, bei denen entsprechende Broschüren und Merkblätter erhältlich sind.

Bezüglich Maßnahmen zur beruflichen Eingliederung können sich Menschen mit einer Behinderung auch an die Integrationsfachdienste wenden (Adressen sind in örtlichen Psychiatrie-Wegweisern bzw. Psychosozialen Adressbüchern aufgeführt; falls es diese nicht gibt: bei der Arbeitsagentur oder beim Integrationsamt nachfragen).

Beim Bundesministerium für Arbeit und Soziales (siehe Anhang) ist eine Reihe von kostenlosen Informationsbroschüren zur Arbeitsförderung und zur beruflichen Eingliederung erhältlich, darunter der »Ratgeber für behinderte Menschen«, der auch im Internet heruntergeladen werden kann unter: http://www.bmas.bund.de/download/broschueren/A712.pdf ■

## Überblick

Mit der Pflegeversicherung wurde eine eigenständige Säule der Sozialversicherung, das SGB XI, geschaffen, um jenen Hilfe zu leisten, die wegen der Schwere ihrer Pflegebedürftigkeit auf solidarische Unterstützung angewiesen sind. Als Ziel wurde in § 2 SGB XI formuliert:

**! Die Pflegeversicherung soll den Pflegebedürftigen helfen, trotz ihres Hilfebedarfs ein möglichst selbstständiges und auch selbstbestimmtes Leben zu führen, das der Würde des Menschen entspricht. Die Hilfen sind darauf auszurichten, die körperlichen, geistigen und seelischen Kräfte der Pflegebedürftigen wieder zu gewinnen oder zu erhalten.**

Trotz dieser umfassenden Zielsetzung darf nicht übersehen werden, dass die Pflegeversicherung nicht den gesamten Bedarf an pflegerischen Hilfen abdeckt: Einerseits liegt der Pflegeversicherung eine eingeschränkte Definition von Pflegebedürftigkeit zugrunde, andererseits ist der Leistungsumfang von vornherein durch Höchstbeträge begrenzt.

## Anspruchsvoraussetzungen

Für den Anspruch auf Leistungen der Pflegeversicherung müssen, wie auch bei anderen Zweigen der Sozialversicherung, persönliche (§ 14 SGB XI) und versicherungsrechtliche (§ 33 SGB XI) Voraussetzungen erfüllt sein.

Die persönliche Anspruchsvoraussetzung ist erfüllt, wenn Pflegebedürftigkeit im Sinne der Pflegeversicherung vorliegt (siehe unten).

Die versicherungsrechtliche Anspruchsvoraussetzung besteht in einer Mindestversicherungszeit von fünf Jahren innerhalb der letzten zehn Jahren vor Antragstellung (§ 33 SGB XI).

Träger der Pflegeversicherung sind die bei den Krankenkassen angegliederten Pflegekassen. Leistungen der Pflegeversicherung sind dort formlos zu beantragen. Die Pflegekasse veranlasst dann zur Überprüfung und Feststellung der Pflegebedürftigkeit eine Begutachtung durch den Medizinischen Dienst. Über den Antrag ist in der Regel spätestens fünf Wochen nach Antragseingang durch schriftlichen Bescheid zu entscheiden.

**TIPP** **Wenn die Pflegebedürftigkeit infolge einer psychischen Erkrankung oder Behinderung besteht, sollte dies bei dem Antrag an die Pflegekasse unbedingt angegeben werden, damit die Überprüfung durch einen entsprechend qualifizierten Gutachter, einen Psychiater oder eine Psychologin, erfolgt.**

## Feststellung der Pflegebedürftigkeit

Pflegebedürftig im Sinne der Pflegeversicherung »sind Personen, die wegen einer körperlichen, geistigen oder seelischen Krankheit oder Behinderung für die gewöhnlichen und regelmäßig wiederkehrenden Verrichtungen im Ablauf des täglichen Lebens auf Dauer, voraussichtlich für mindestens sechs Monate, in erheblichem oder höherem Maße der Hilfe bedürfen« (§ 14 Abs. 1 SGB XI). Bei den Krankheiten oder Behinderungen werden ausdrücklich auch psychische Erkrankungen (Störungen des Zentralnervensystems wie Antriebs-, Gedächtnis- oder Orientierungsstörungen, endogene Psychosen, Neurosen) im Gesetz berücksichtigt (§ 14 Abs. 2 SGB XI).

## Verrichtungen des täglichen Lebens

Unterstützungsbedarfe bei Verrichtungen des alltäglichen Lebens werden in § 14 Abs. 4 SGB XI detailliert beschrieben. Sie betreffen:

»1. im Bereich der Körperpflege das Waschen, Duschen, Baden, die Zahnpflege, das Kämmen, Rasieren, die Darm- oder Blasenentleerung,

2. im Bereich der Ernährung das mundgerechte Zubereiten oder die Aufnahme der Nahrung,

3. im Bereich der Mobilität das selbstständige Aufstehen und Zubettgehen, An- und Auskleiden, Gehen, Stehen, Treppensteigen oder das Verlassen und Wiederaufsuchen der Wohnung,

4. im Bereich der hauswirtschaftlichen Versorgung das Einkaufen, Kochen, Reinigen der Wohnung, Spülen, Wechseln und Waschen der Wäsche und Kleidung oder das Beheizen.«

Den Besonderheiten psychischer Erkrankungen und Behinderungen wird insofern Rechnung getragen, als neben der Übernahme der Verrichtungen auch ausdrücklich die »Beaufsichtigung oder Anleitung mit dem Ziel der eigenständigen Übernahme dieser Verrichtungen« berücksichtigt wird.

## Stufen der Pflegebedürftigkeit

Eine Zuordnung zu den Pflegestufen ist Voraussetzung dafür, dass der Pflegebedürftige Leistungen der Pflegeversicherung erhält. Es gibt drei Pflegestufen (§ 15 SGB XI), für die jeweils Anforderungen hinsichtlich der Art, der Häufigkeit und der Dauer des Hilfebedarfs vorgegeben sind:

**Die Pflegestufen der Pflegeversicherung**

| | |
|---|---|
| **Pflegestufe I**<br>Erhebliche Pflegebedürftigkeit | Hierunter fallen Personen, die bei der Grundpflege (Ernährung, Körperpflege und Mobilität) bei mindestens zwei Verrichtungen mindestens ein Mal täglich Hilfe und zusätzlich mehrfach wöchentlich Unterstützung bei der hauswirtschaftlichen Versorgung benötigen. Der Hilfebedarf hierbei muss täglich mindestens 90 Minuten betragen, wobei auf die Grundpflege mehr als 45 Minuten entfallen müssen. |
| **Pflegestufe II**<br>Schwerpflegebedürftigkeit | Schwerpflegebedürftigkeit liegt vor, wenn bei der Grundpflege mindestens drei Mal täglich zu verschiedenen Tageszeiten Hilfe und mehrfach wöchentlich Unterstützung bei der hauswirtschaftlichen Versorgung benötigt wird. Der Hilfebedarf muss täglich mindestens drei Stunden betragen, davon mindestens zwei Stunden im Grundpflegebereich. |
| **Pflegestufe III**<br>Schwerstpflegebedürftigkeit | Die Zuordnung zu dieser Pflegestufe setzt voraus, dass bei der Die Zuordnung zu dieser Pflegestufe setzt voraus, dass bei der Grundpflege rund um die Uhr – auch nachts – Hilfe benötigt wird und zusätzlich mehrfach in der Woche Hilfebedarf bei der hauswirtschaftlichen Versorgung besteht. Der Hilfebedarf muss dabei mindestens fünf Stunden pro Tag betragen, davon mindestens vier Stunden im Bereich der Grundpflege. |

## Pflegebedürftigkeit bei psychisch kranken Menschen

Grundsätzlich haben auch psychisch erkrankte Menschen einen Anspruch auf Leistungen der Pflegeversicherung, wenn Pflegebedürftigkeit im Sinne des SGB XI besteht. Hierbei ist allerdings zu beachten, dass sich Pflegebedürftigkeit im Sinne der Pflegeversicherung ausschließlich durch einen Bedarf an Hilfe und Unterstützung im Bereich der Grundpflege(Körperpflege, Ernährung, Mobilität) und hauswirtschaftlichen Versorgung begründet. Ein Bedarf an Hilfe und Unterstützung in anderen Bereichen – wie die Kontrolle der Medikamenteneinnahme, entlastende Gespräche, die Motivierung oder Anleitung zu Tätigkeiten im Bereich der Freizeitgestaltung usw. – begründet keinen Anspruch auf Leistungen der Pflegeversicherung. Auch die Reform der Pflegeversicherung zum 1.7.2008 sieht keine Revision dieser Einschränkung vor. Nur die Leistungen bei erheblichem allgemeinen Betreuungsbedarf wurden erweitert.

Vor allem jüngere Menschen mit einer psychischen Erkrankung erfüllen die Voraussetzungen für die Inanspruchnahme von Leistungen der Pflegeversicherung oft nicht. Sie haben noch keine fünf Jahre Beiträge an die Pflegeversicherung entrichtet und selbst wenn das der Fall ist, besteht ein Bedarf an Leistungen der Grundpflege vielfach nur vorübergehend. Die Pflegeversicherung ist aber erst zuständig, wenn ein Bedarf von mindestens sechs Monaten angenommen werden kann. Je nach Art des Hilfebedarfs können stattdessen allerdings Leistungen zur medizinischen Rehabilitation, zur häuslichen Krankenpflege und/oder Leistungen der Eingliederungshilfe für behinderte Menschen nach dem SGB XII in Betracht kommen.

## Begutachtung durch den Medizinischen Dienst

Die Prüfung, ob Pflegebedürftigkeit vorliegt und in welchem Maße, erfolgt im Rahmen einer Begutachtung durch den Medizinischen Dienst, die in der gewohnten Umgebung des Pflegebedürftigen durchgeführt wird. Der Gutachter muss auch dazu Stellung nehmen, ob Leistungen zur Rehabilitation angezeigt sind und ob »kurative Defizite« bestehen (die Gewährung kurativer Leistungen fällt dann allerdings in die Zuständigkeit der Krankenversicherung).

Bei der Begutachtung ist ein umfangreiches Formular vom Gutachter auszufüllen. So soll er sich anhand einer Liste der Tätigkeiten des alltäglichen Lebens ein möglichst vollständiges Bild von der Person machen, für die ein Antrag auf Leistungen der Pflegeversicherung gestellt worden ist oder die diesen Antrag selbst gestellt hat. Dabei geht es unter anderem um die Fragen, ob die Fähigkeit vorhanden ist:

- sich situativ anpassen zu können,
- sich seine Zeit sinnvoll einzuteilen und sich sinnvoll zu beschäftigen,
- selbstständig soziale Kontakte aufzunehmen und sein Leben verantwortlich innerhalb des gesellschaftlichen Beziehungsgeflechts zu gestalten.

Diese Fragen dienen ausschließlich dazu festzustellen, ob und in welchen Bereichen Hilfe benötigt wird – sei es in Form von Anleitung und Unterstützung oder auch durch die Übernahme von Tätigkeiten. Bei diesem ersten Schritt wird also auch berücksichtigt, ob beispielsweise Anleitung, Anregung, Motivierung benötigt wird, um sich zu beschäftigen, etwas zu unternehmen, Kontakte zu knüpfen und zu pflegen, verordnete Medikamente einzunehmen, (Arzt-)Termine einzuhalten usw. Alle diese Hilfen lassen sich der »Pflege« im fachlichen Sinne zuordnen. Erst nach dieser allgemeinen Befunderhebung ist in einem weiteren Schritt die Häufigkeit und der Zeitaufwand für die Hilfen zu ermitteln, die Pflegebedürftigkeit im Sinne der Pflegeversicherung begründen.

Während bei körperlichen Erkrankungen oder Behinderungen der Hilfebedarf vielfach offenkundig ist, ergeben sich bei der Begutachtung psychisch kranker Menschen häufig Probleme. Im Rahmen eines kurzen Hausbesuchs kann ein Gutachter in aller Regel nicht feststellen, ob Pflegebedürftigkeit besteht. Daher wird in den Richtlinien die Befragung der pflegenden Angehörigen als oft als unverzichtbar herausgestellt.

**TIPP** Zur Vorbereitung der Begutachtung ist es empfehlenswert, ein Pflegetagebuch zu führen, in dem der Hilfebedarf und der erforderliche Zeitaufwand bei den im Rahmen der Pflegeversicherung maßgeblichen Verrichtungen dokumentiert werden.

Um bundesweit einheitliche Maßstäbe bei der Begutachtung sicherzustellen, wurden von den Spitzenverbänden der Pflegekassen Richtlinien zur Begutachtung von Pflegebedürftigkeit vorgelegt. Darin wird ausdrücklich auf Besonderheiten eingegangen, die bei der Begutachtung von Menschen mit psychischen Erkrankungen und hier vor allem mit Demenzen zu berücksichtigen sind. Diese sind nicht nur für Gutachter, sondern auch für Betroffene und Angehörige eine wichtige Orientierungshilfe, wenn z. B. Widerspruch gegen den Bescheid der Pflegekasse eingelegt werden soll, weil Pflegepersonen nicht angemessen einbezogen wurden oder unterschiedlichen Auffassungen zum Hilfebedarf bestehen.

**INFO** Die Begutachtungsrichtlinien sind im Internet verfügbar auf der Homepage des Medizinischen Dienstes der Spitzenverbände der Krankenkassen e. V.: www.mds-ev.org. ■

## Häusliche und stationäre Pflege

Die Leistungen der Pflegeversicherung (§§ 28 ff. SGB XI) umfassen Geld- und Sachleistungen für die Pflege sowie die Übernahme der Kosten für Pflegehilfsmittel.

**! Zu den erklärten Zielen der Pflegeversicherung gehört es, die häusliche Pflege zu stärken.**

Liegt Pflegebedürftigkeit im Sinne der Pflegeversicherung vor, kann bei der häuslichen Pflege zwischen Geld- und Sachleistung gewählt werden. Geld- und Sachleistung können auch ergänzend in Anspruch genommen werden. Ab dem 1.7.2008 besteht bei häuslicher Pflege ein Anspruch auf (unbezahlten) Pflegeurlaub bis zu zehn Tagen sowie unter Umständen auf Pflegezeit bis zu sechs Monaten. Daneben können bei Verhinderung der Pflegeperson die Kosten für eine Pflegevertretung übernommen werden.

Im Rahmen der Reform der Pflegversicherung werden die vorgenannten Leistungen zwischen 2008 und 2012 schrittweise angehoben werden. Außerdem kann ab dem 1.1.2009 ein Anspruch auf umfassende Pflegeberatung (Fallmanagement) durch die neu geschaffenen Pflegestützpunkte bestehen. Die Einrichtung der Pflegestützpunkte bleibt den Bundesländern überlassen.

**Die Leistungen der Pflegeversicherung im Überblick**

| Stufe | Häusliche Pflege | | Pflegevertretung* | Kurzzeitpflege | Teilstationäre Pflege | Vollstationäre Pflege |
|---|---|---|---|---|---|---|
| | Pflegegeld monatlich | Sachleistung monatlich bis | Bis zu vier Wochen im Jahr | Aufwendungen im Jahr bis zu | Monatlich bis zu | Monatlich bis zu |
| I | 205 Euro | 384 Euro | 205 Euro | 1432 Euro | 384 Euro | 1023 Euro |
| II | 410 Euro | 921 Euro | 410 Euro | 1432 Euro | 921 Euro | 1279 Euro |
| III | 665 Euro | 1432 Euro | 665 Euro | 1432 Euro | 1432 Euro | 1432 Euro |
| Härtefälle | | 1918 Euro | | | | 1688 Euro |

* Die angegebenen Beträge gelten, wenn bei der Vertretung die Pflege durch nahe Angehörige und Personen erfolgt, die mit dem Pflegebedürftigen in häuslicher Gemeinschaft leben. Sofern entfernte Verwandte und Nachbarn oder erwerbsmäßig tätige Pflegekräfte die Pflege übernehmen, werden u.a. Verdienstausfall und Fahrtkosten bis zu 1432 Euro erstattet.

Die Kosten der teilstationären und stationären Pflege werden von der Pflegeversicherung nur übernommen, wenn die Pflegeeinrichtungen zugelassen sind. Dazu gehören prinzipiell auch die Kosten für die medizinische Behandlungspflege und die soziale Betreuung. Dem besonderen Pflege und Betreuungsbedarf von psychisch kranken, dementen und geistig behinderten Menschen ist im Rahmen des Ermittlung des Personalbedarfs und der Bemessung der Pflegezeiten Rechnung zu tragen (§ 75 Abs. 3 SGB XI).

Die Umsetzung dieser Vorgabe ist allerdings keine leichte Aufgabe, da die vorliegenden Beschreibungen der Leistungsinhalte bei stationärer Pflege diese Aufgaben nicht widerspiegeln. Insbesondere werden die im Einzelfall erforderlichen Leistungen fachpsychiatrischer Pflege im Rahmen der sozialen Betreuung nicht oder nur unzureichend berücksichtigt.

Leistungen der Behandlungspflege sind unter systematischen Gesichtspunkten eigentlich der Krankenversicherung und nicht der Pflegeversicherung zuzuordnen. Doch für diese Leistungen gibt es nur im Rahmen der Krankenhausbehandlung und der häuslichen Krankenpflege (→S. 86ff.) eine Rechtsgrundlage. Das heißt aber immerhin, dass Pflegebedürftige, die in einer eigenen Wohnung ambulant Hilfe erhalten, gegebenenfalls auch einen Anspruch auf Leistungen der Behandlungspflege durch die Krankenkasse haben.

Im Unterschied dazu leben Heimbewohner in der Regel nicht im eigenen Haushalt, so hier die Behandlungspflege grundsätzlich nicht durch die Krankenkasse finanziert wird. Die Regelung des § 43b SGB XI, wonach die Krankenkassen die Aufwendungen für Leistungen der Behandlungspflege in Heimen übernehmen sollten, wurde zum 1.4.2007 wieder gestrichen. Die Auswirkungen sind für die Betroffenen fatal, da die Leistungen der Pflegeversicherung nur im Rahmen der nicht ausreichenden Höchstbeträge erbracht werden. In der Folge müssen nunmehr vermehrt eigene Mittel eingesetzt oder Leistungen der Hilfe zur Pflege nach dem SGB XII (→S. 153f.) in Anspruch genommen werden. Ein Anspruch auf Behandlungspflege gegen die Krankenversicherung besteht aber für Versicherte in zugelassenen Pflegeeinrichtungen (Pflegeheimen), die auf Dauer einen besonders hohen Bedarf an medizinischer Behandlungspflege haben (§ 37 Abs. 2 SGB V).

## Leistungen in Einrichtungen der Behindertenhilfe

Leistungen in Einrichtungen der Behindertenhilfe, in denen die medizinische Vorsorge oder Rehabilitation oder die berufliche oder soziale Eingliederung im Vordergrund steht, sind keine Pflegeeinrichtungen im Sinne des Pflegeversicherungsgesetzes (§ 71 Abs. 4 SGB XI).

Für Pflegebedürftige in vollstationären Einrichtungen der Behindertenhilfe wird der Anteil der pflegerischen Leistungen pauschal abgegolten (10 Prozent des Heimentgelts, höchstens 256 Euro monatlich; § 43 a SGB XI). Die Pauschale umfasst neben den pflegebedingten Aufwendungen auch jene für medizinische Behandlungspflege und soziale Betreuung. Die pauschale Abgeltung gilt nicht für teilstationäre Einrichtungen wie Werkstätten für Behinderte oder Tagesstätten für psychisch kranke und behinderte Menschen.

Da bei Pflegebedürftigen, die in vollstationären Einrichtungen der Behindertenhilfe betreut werden – beispielsweise in Wohnheimen für psychisch kranke Menschen –, die pflegerischen Leistungen lediglich pauschal abgegolten werden, wird zuweilen von den Trägern der Eingliederungshilfe geprüft, ob das Ziel der Eingliederung noch erreicht werden kann. Kann dieses Ziel aus Sicht des Trägers nicht mehr erreicht werden, drängt er auf die Verlegung in eine Pflegeeinrichtung, da nur dort der Anspruch auf Leistungen der Pflegeversicherung in vollem Umfang geltend gemacht werden kann. In aller Regel ist dies unzulässig, weil der Begriff der Eingliederung weit zu fassen ist.

## Leistungen bei erheblichem allgemeinem Betreuungsbedarf

Der Gesetzgeber hat erkannt, dass die Leistungen der Pflegeversicherung insbesondere für demenzkranke Menschen nicht ausreichen. Deswegen wurden zur Entlastung der pflegenden Angehörigen neue Leistungen für Pflegebedürftige mit erheblichem allgemeinen Betreuungsbedarf eingeführt. Anspruch auf einen zusätzlichen Betreuungsbetrag haben Pflegebedürftige in häuslicher Pflege, bei denen neben dem Hilfebedarf im Bereich der Grundpflege und der hauswirtschaftlichen Versorgung ein erheblicher Bedarf an allgemeiner Beaufsichtigung und Betreuung gegeben ist. Dies sind Pflegebedürftige der Stufen I, II oder III mit demenzbedingten Fähigkeitsstörungen, mit geistigen Behinderungen oder psychischen Erkrankungen, bei denen der Medizinische Dienst der Krankenversicherung im Rahmen der Begutachtung erhebliche Einschränkungen bei den Verrichtungen des alltäglichen Lebens festgestellt hat.

Die Alltagskompetenz ist nach § 45 a SGB XI erheblich eingeschränkt, wenn wenigstens in zwei Punkten der nachfolgenden Aufzählung regelmäßige Schädigungen oder Fähigkeitsstörungen gegeben sind. Mindestens einer sollte dabei zu den ersten neun Punkten gehören:

1. unkontrolliertes Verlassen des Wohnbereiches (Weglauftendenz);
2. Verkennen oder Verursachen gefährdender Situationen;
3. unsachgemäßer Umgang mit gefährlichen Gegenständen oder potenziell gefährdenden Substanzen;
4. tätlich oder verbal aggressives Verhalten in Verkennung der Situation;
5. im situativen Kontext inadäquates Verhalten;
6. Unfähigkeit, die eigenen körperlichen und seelischen Gefühle oder Bedürfnisse wahrzunehmen;
7. Unfähigkeit zu einer erforderlichen Kooperation bei therapeutischen oder schützenden Maßnahmen als Folge einer therapieresistenten Depression oder Angststörung;

8 Störungen der höheren Hirnfunktionen (Beeinträchtigungen des Gedächtnisses, herabgesetztes Urteilsvermögen), die zu Problemen bei der Bewältigung von sozialen Alltagsleistungen geführt haben;
9 Störung des Tag-Nacht-Rhythmus;
10. Unfähigkeit, eigenständig den Tagesablauf zu planen und zu strukturieren;
11. Verkennen von Alltagssituationen und inadäquates Reagieren in Alltagssituationen;
12. ausgeprägtes labiles oder unkontrolliert emotionales Verhalten;
13. zeitlich überwiegend Niedergeschlagenheit, Verzagtheit, Hilflosigkeit oder
14. Hoffnungslosigkeit aufgrund einer therapieresistenten Depression.

Wenn die Voraussetzungen für einen erheblichen allgemeinen Betreuungsaufwand vorliegen, wird ein zusätzlicher Betreuungsbetrag in Höhe von derzeit bis zu 460 Euro je Kalenderjahr gewährt, der zweckgebunden für »qualitätsgesicherte Betreuungsleistungen« einzusetzen ist. Hierzu werden in § 45 b SGB XI als Leistungen genannt:

- die Tages- oder Nachtpflege,
- die Kurzzeitpflege,
- besondere Angebote zugelassener Pflegedienste, bei denen es sich nicht um Leistungen der Grundpflege und hauswirtschaftlichen Versorgung handelt, oder
- nach Landesrecht anerkannte niedrigschwellige Betreuungsangebote.

Durch die Reform der Pflegeversicherung zum 1.7.2008 werden die Leistungen für Menschen mit eingeschränkter Alltagskompetenz erheblich ausgeweitet werden und bis zu 200 Euro monatlich betragen. Außerdem können nun auch Menschen mit der sogenannten Pflegestufe 0 (→ S. 153 f.) Leistungen beziehen, wenn der entsprechende Betreuungsbedarf vorliegt. Diese sollen insbesondere Aufwandsentschädigungen für ehrenamtliche Betreuungspersonen finanzieren sowie notwendige Personal- und Sachkosten, die mit der Koordination und Organisation der Hilfen und der fachlichen Anleitung und Schulung der Betreuenden durch Fachkräfte verbunden sind (§ 45c Abs. 3 SGB XI).

**INFO** Zur Pflegeversicherung wurde vom Bundesministerium für Gesundheit und Soziales (s. Anhang) die kostenlos erhältliche Informationsbroschüre »Die Pflegeversicherung« herausgegeben, die fortlaufend aktualisiert wird. Download im Internet unter: http://www.bmgs.bund.de/download/broschueren/A500.pdf ■

## Überblick

Am 1.1.2005 wurde unter dem Oberbegriff der Grundsicherung für Arbeitsuchende die frühere Arbeitslosenhilfe mit der Hilfe zum Lebensunterhalt für Erwerbsfähige zusammengefasst. Die einzelnen Hilfen sind im neuen SGB II geregelt. Dieses steht unter dem Leitmotiv »Fördern und Fordern« und soll die Eigenverantwortung von erwerbsfähigen Hilfebedürftigen und Personen, die mit ihnen zusammen leben, stärken und dazu beitragen, dass sie ihren Lebensunterhalt unabhängig von der Grundsicherung aus eigenen Mitteln und Kräften bestreiten können (§ 1 Abs. 1 SGB II). Dafür müssen erwerbsfähige Hilfebedürftige und die mit ihnen in einer sogenannten Bedarfsgemeinschaft lebenden Personen alle Möglichkeiten zur Beendigung oder Verringerung ihrer Hilfebedürftigkeit ausschöpfen (§ 2 SGB II).

**! Jeder Hilfeberechtigte muss seine Arbeitskraft zur Beschaffung des Lebensunterhalts einsetzen und aktiv an allen Maßnahmen zu seiner Eingliederung in Arbeit mitwirken.**

Dazu gehört auch der Abschluss einer Eingliederungsvereinbarung (§ 15 SGB II).

Die Leistungen der Grundsicherung für Arbeitsuchende orientieren sich anders als die frühere Arbeitslosenhilfe nicht am zuletzt erzielten Einkommen, sondern wie die Hilfe zum Lebensunterhalt am Bedarf. Es handelt sich um eine Fürsorgeleistung, die nachrangig gegenüber Leistungen anderer Sozialleistungsträger gewährt wird, mit Ausnahme der Hilfe zum Lebensunterhalt nach dem SGB XII (§ 5 Abs. 1, 2 SGB II). Die Grundsicherung für Arbeitsuchende muss (anders als die Hilfe zum Lebensunterhalt nach dem SGB XII) ausdrücklich beantragt werden.

Die Zuständigkeit für die Aufgaben nach dem SGB II ist regional unterschiedlich geregelt. In den meisten Fällen wurde von der Bundesagentur für Arbeit und dem kommunalen Träger, der Stadt oder dem Landkreis, eine Arbeitsgemeinschaft (ARGE) gebildet, bei der auch der Antrag auf Arbeitslosengeld II oder Sozialgeld gestellt werden kann. Der Antrag kann aber auch bei der Arbeitsagentur oder der Stadt bzw. dem Landkreis oder jedem anderen Sozialleistungsträger wirksam gestellt werden (→ S. 50 f.).

## Anspruchsvoraussetzungen

Hilfeberechtigt sind alle Personen im Alter zwischen 15 und 65, die erwerbsfähig und hilfebedürftig sind, sowie die Personen, die mit erwerbsfähigen Personen in einer Bedarfsgemeinschaft leben (§ 7 SGB II). Dies können auch Kinder unter 15 sein.

**! Erwerbsfähig ist, wer nicht wegen Krankheit oder Behinderung auf absehbare Zeit außerstande ist, unter den üblichen Bedingungen des allgemeinen Arbeitsmarktes mindestens drei Stunden täglich erwerbstätig zu sein.**

Diese Formulierung in § 8 Abs. 1 SGB II orientiert sich weitgehend am Begriff der vollen Erwerbsminderung im Rentenrecht (→ S. 116). Für psychisch kranke und seelisch behinderte Menschen ist also – gegebenenfalls nach Einholung eines Sachverständigengutachtens – zu entscheiden, ob Erwerbsfähigkeit vorliegt. Ist dies nicht der Fall, besteht Anspruch auf Hilfe zum Lebensunterhalt oder Grundsicherung bei Erwerbsminderung nach dem SGB XII (→S. 148 ff.). Im Zweifel hat eine Einigungsstelle zu entscheiden. Bis zur Entscheidung der Einigungsstelle sind Leistungen der Grundsicherung für Arbeitsuchende nach dem SGB II zu erbringen.

Da Leistungen der Grundsicherung für Arbeitsuchende nur bei Hilfebedürftigkeit gewährt werden, sind das Einkommen und das Vermögen in bestimmten Grenzen einzusetzen (§§ 11–13 SGB II). Durch die Freibeträge bei Erwerbstätigkeit des § 30 SGB II besteht die Möglichkeit des Zuverdienstes in Höhe von mindestens 100 Euro monatlich. Nicht als Vermögen einzusetzen sind unter anderem

- ein selbst genutztes Hausgrundstück von angemessener Größe,
- eine entsprechende Eigentumswohnung,
- ein Grundbetrag von 150 Euro je vollendetem Lebensjahr (mindestens aber 3100 Euro und höchstens 9750 Euro),
- ein Betrag, der der Altersvorsorge dient und entsprechend angelegt ist, in Höhe von 250 Euro je vollendetem Lebensjahr (höchstens 16250 Euro),
- ein Freibetrag von 750 Euro für notwendige Anschaffungen sowie
- ein angemessenes Kraftfahrzeug (§ 12 SGB II).

Ob der Bezug von Grundsicherung für Arbeitsuchende anstelle von Hilfe zum Lebensunterhalt nach dem SGB XII für psychisch kranke Menschen ein Vor- oder Nachteil ist, lässt sich nur im Einzelfall unter Berücksichtigung des konkreten Krankheitsbildes und -verlaufs sagen. Psychisch Kranke werden nun wie andere Erwerbstätige gefördert – das ist eine Chance –, müssen aber auch damit rechnen, »gefordert«, also auf zumutbare Arbeit oder Arbeitsgelegenheiten verwiesen zu werden. Zumutbar ist grundsätzlich jede Arbeit, zu die der Betroffene körperlich, geistig oder seelisch in der Lage ist (§ 10 Abs. 1 Nr. 1 SGB II). Damit ist zwar auf eine vorliegende psychische Krankheit Rücksicht zu nehmen, ob dies jedoch im konkreten Fall vor möglichen Sanktionen (Absenkung und Wegfall des Arbeitslosengeld II) schützt, hängt von der besonderen Sensibilität der Mitarbeiter der zuständigen Leistungsträger ab.

**TIPP** **Bei Sanktionen gegenüber psychisch kranken Menschen kann man Rechtsmittel eingelegen (→ S. 218 ff.) und unter Vorlage eines fachärztlichen Attests auf die Einschränkungen durch die psychische Krankheit hinweisen.**

Keinen Anspruch auf Grundsicherung für Arbeitsuchende hat, wer länger in einer vollstationären Einrichtung untergebracht ist, es sei denn, es handelt sich um ein Krankenhaus und die Behandlung dauert voraussichtlich weniger als sechs Monate (§ 7 Abs. 4 SGB II). Es muss sich um eine vollstationäre Einrichtung handeln. Die meisten Einrichtungen des Betreuten Wohnens fallen nicht darunter, da dort der Gedanke der gegenseitigen Selbsthilfe im Vordergrund steht.
Wenn kein Anspruch auf Grundsicherung für Arbeitssuchende besteht, kann aber ein Anspruch auf Hilfe zum Lebensunterhalt nach § 35 SGB XII bestehen.

## Arbeitslosengeld II

Erwerbsfähige Hilfebedürftige erhalten Arbeitslosengeld II. Dieses umfasst Leistungen zur Sicherung des Lebensunterhalts einschließlich angemessener Kosten für Unterkunft und Heizung sowie einen befristeten Zuschlag nach Bezug von Arbeitslosengeld I (§ 19 SGB II). Die Bezieher von Arbeitslosengeld II sind gesetzlich kranken-, pflege- und rentenversichert.

Die Leistungen zur Sicherung des Lebensunterhalts sind weitgehend pauschaliert. Sie umfassen insbesondere die Kosten für Ernährung, Kleidung, Körperpflege, Hausrat, Bedarfe des täglichen Lebens sowie in vertretbarem Umfang Beziehungen zur Umwelt und zur Teilhabe am kulturellen Leben (§ 20 Abs. 1 SGB II). Die monatliche Pauschale für Alleinstehende beträgt zurzeit 347 Euro. Einmalige Leistungen wie bei der früheren Hilfe zum Lebensunterhalt sind bis auf wenige Ausnahmen, z. B. für die Wohnungserstausstattung sowie die Erstausstattung mit Bekleidung, nicht mehr vorgesehen. Auch ein im Einzelfall bestehender besonderer Bedarf kann nur noch durch ein Darlehen abgedeckt werden, das dann mit den laufenden Leistungen verrechnet wird (§ 23 Abs. 1 SGB II).

Insbesondere wegen der fehlenden Möglichkeit, besonderen Bedarfslagen Rechnung zu tragen, bestehen Zweifel an der Verfassungsmäßigkeit der Regelleistungen im Hinblick auf das vom Grundgesetz garantierte Existenzminimum. Das Bundessozialgericht hat sich dieser Auffassung bisher aber nicht angeschlossen.

Die nichterwerbsfähigen Angehörigen, die mit erwerbsfähigen Hilfebedürftigen in einer Bedarfsgemeinschaft leben (§ 28 SGB II), erhalten Sozialgeld. Sie sind nicht per se kranken-, pflege- und rentenversichert. In der gesetzlichen Krankenversicherung dürfte aber in aller Regel für Ehegatten, Lebenspartner und Kinder eine Familienversicherung nach § 10 SGB V gegeben sein.

## Leistungen zur Eingliederung in Arbeit

Wenn es darum geht, psychisch kranken oder behinderten Menschen einen Zugang zur Aufnahme einer Beschäftigung zu ermöglichen, kommen neben Leistungen im Rahmen der Eingliederungshilfe nach dem SGB XII auch Leistungen zur Eingliederung in Arbeit nach dem SGB II in Betracht (§ 16 SGB II). Wenn ein Hilfeberechtigter keine Arbeit findet, kann die Agentur für Arbeit – soweit es im Einzelfall geboten ist – durch Zuschüsse an den Arbeitgeber sowie durch sonstige geeignete Maßnahmen darauf hinwirken, dass der Hilfeempfänger Arbeit findet (§ 16 SGB II).

Die Leistungen zur Eingliederung entsprechen weitgehend den Leistungen des SGB III einschließlich der dort geregelten Leistungen zur Teilhabe am Arbeitsleben (→ S. 120 ff.). Für Bezieher von Leistungen nach dem SGB II ist die Bundesagentur zuständig, soweit kein anderer Rehabilitationsträger infrage kommt (§ 6 a SGB IX). Daneben können nach § 16 Abs. 2 SGB II weitere Leistungen in Frage kommen:

**! Für die Eingliederung des erwerbsfähigen Hilfebedürftigen in das Erwerbsleben können auch die Betreuung minderjähriger oder behinderter Kinder, die häusliche Pflege von Angehörigen, eine Schuldnerberatung, eine psychosoziale Betreuung oder eine Suchtberatung erbracht werden.**

Für diese in der Praxis bisher viel zu wenig genutzten Leistungen sind die kommunalen Träger zuständig. Mit diesen Hilfen kann gerade bei psychisch kranken Menschen besonderen Problemen Rechnung getragen werden. Erforderlich ist dafür eine enge Zusammenarbeit zwischen den Kommunen und den für die Leistungen nach dem SGB II zuständigen Trägern.

Vorrangiges Ziel der Leistungen ist die Eingliederung in den allgemeinen Arbeitsmarkt, wobei dem Hilfeempfänger bei Aufnahme einer sozialversicherungspflichtigen oder selbstständigen Erwerbstätigkeit ein Einstiegsgeld für längstens 24 Monate gewährt werden kann (§ 29 SGB II). Für Hilfebedürftige, die keine Arbeit finden, hat der zuständige Träger die Möglichkeit, Arbeitsgelegenheiten zu schaffen (§ 16 Abs. 3 SGB II). Diese sogenannten 1-Euro-Jobs müssen von öffentlichem Interesse sein, dürfen keine bestehenden Arbeitsverhältnisse überflüssig machen und nicht als Arbeitsbeschaffungsmaßnahme gefördert werden. Nur unter dieser Voraussetzung ist Hilfebedürftigen zuzüglich zum Arbeitslosengeld II eine angemessene Entschädigung für Mehraufwendungen zu zahlen. Es handelt sich in diesem Fall um kein Arbeitsverhältnis im Sinne des Arbeitsrechts (§ 16 Abs. 3 SGB II).

**INFO** Die Agentur für Arbeit und die Städte bzw. Landkreise sind zur Beratung über die Aufgaben und Leistungen des SGB II verpflichtet. Informationen findet man auch beim Bundesministerium für Arbeit und Soziales unter www.bmas.bund.de und bei der Bundesagentur für Arbeit unter www.agenturfuerarbeit.de.

Der Gesetzestext mit Erläuterungen findet sich in dem Buch von A. Brühl und A. Hofmann, »SGB II – Grundsicherung für Arbeitssuchende«, Frankfurt 2004; Bestellung: E-Mail: dr.ahofmann@t-online.de, Fax (0 69) 56 00 37 58.

Für die Praxis wichtige Durchführungshinweise sowie Gerichtsentscheidungen findet man unter www.tacheles-sozialhilfe.de.

Einen Leitfaden für die Grundsicherung für Arbeitsuchende erhält man bei dem Sozialverband www.sozialverband.de und bei dem Arbeitslosenprojekt TuWas Frankfurt/Main.

Hilfreiche Ratgeber sind:

Brühl, A.; Sauer, J.: Mein Recht auf Sozialleistungen. Grundsicherung für Arbeitssuchende, Sozialhilfe, Sonstige Sozialleistungen. München 2007.

Renn, H.; Schoch, D.: Grundsicherung für Arbeitssuchende (SGB II). Baden-Baden 2005. ■

## Überblick

Die Leistungsarten der Sozialhilfe nach dem SGB XII gliedern sich in die Hilfe zum Lebensunterhalt, die Grundsicherung im Alter und bei Erwerbsminderung und die weiteren Hilfen wie z. B. die Hilfen zur Gesundheit, die Eingliederungshilfe für behinderte Menschen und die Hilfe zur Pflege. Der Sozialhilfe kommt im System der sozialen Sicherung die Funktion eines Ausfallbürgen zu, was sich im Prinzip des Nachrangs (§ 2 SGB XII) der Sozialhilfe widerspiegelt:

**! »Sozialhilfe erhält nicht, wer sich (...) selbst helfen kann oder wer die erforderliche Hilfe von anderen, insbesondere von Angehörigen oder von Trägern anderer Sozialleistungen, erhält.«**

Weitere im SGB XII formulierte Grundsätze sind, dass:

- sich Art, Form und Maß der Sozialhilfe nach der Besonderheit des Einzelfalles richten (§ 9 Abs. 1 SGB XII);
- den Wünschen des Hilfeempfängers, die sich auf die Gestaltung der Hilfe richten, entsprochen werden soll, sofern dies nicht mit unverhältnismäßigen Mehrkosten verbunden ist (§ 9 Abs. 2 SGB XII);
- ambulante Hilfen in der Regel Vorrang vor stationären Hilfen haben (§ 13 Abs. 1 Satz 3 SGB XII).

Leistungsträger sind die örtlichen und überörtlichen Sozialhilfeträger. Örtliche Sozialhilfeträger sind die kreisfreien Städte und Landkreise. Die überörtlichen Sozialhilfeträger bestimmen die

 Bundesländer. Hierbei handelt es sich z.B. um die Landschaftsverbände oder die Bezirke.

## Hilfe zum Lebensunterhalt

Hilfe zum Lebensunterhalt (§§ 27–40 SGB XII) erhalten ab dem 1.1.2005 nur noch Personen, die weder Grundsicherung für Arbeitsuchende nach dem SGB II (→ S. 139 ff.) noch Grundsicherung im Alter und bei Erwerbsminderung nach § 41 SGB XII erhalten oder beanspruchen können (hierzu unten). Dies betrifft vor allem Menschen, die vorübergehend nicht mindestens drei Stunden auf dem allgemeinen Arbeitsmarkt tätig sein können.

Ein Antrag auf Hilfe zum Lebensunterhalt ist nicht Voraussetzung für den Bezug, der Anspruch besteht ab dem Zeitpunkt, ab dem das Amt Kenntnis von dem Hilfebedarf hat. Mit einem Antrag kann man die Kenntnisnahme allerdings sicherstellen.

Die Leistungen für den notwendigen Lebensunterhalt werden nach Regelsätzen bemessen, deren Höhe jeweils zum 1. Juli eines Jahres an angepasst wird. Der notwendige Lebensunterhalt umfasst insbesondere Ernährung, Unterkunft, Kleidung, Körperpflege, Hausrat, Heizung und persönliche Bedürfnisse des täglichen Lebens (§ 27 SGB XII). Zusätzlich zum Regelsatz werden die angemessenen Kosten für Unterkunft (Miete) und Heizung übernommen. Einmalige Beihilfen sind nur noch in wenigen Fällen vorgesehen, z. B. für die Erstausstattung des Haushalts oder mit Bekleidung. Anders als bei der Grundsicherung für Arbeitsuchende kann aber ein unabweisbarer Bedarf im Einzelfall zu einer Erhöhung des Regelsatzes führen.

Zur Hilfe zum Lebensunterhalt gehören auch die Übernahme von Krankenversicherungsbeiträgen (§ 32 SGB XII) sowie als Ermessensleistung die Übernahme von Beiträgen für eine private Altersversicherung (§ 33 SGB XII) sowie der notwendige Lebensunterhalt in Einrichtungen (§ 35 SGB XII). In stationären Einrichtungen gehört dazu auch der Barbetrag zur persönlichen Verfügung (Taschengeld).

Sofern keine Mitgliedschaft bei einer Krankenkasse und damit kein Versicherungsschutz durch einen Träger der Krankenversicherung besteht, werden die Behandlungskosten von der gewählten Krankenkasse übernommen, die der Empfänger von Hilfe zum Lebensunterhalt auswählt (§ 48 SGB XII, § 264 SGB V). Dies gilt auch für Empfänger von Leistungen der Grundsicherung im Alter und bei Erwerbsminderung sowie der Eingliederungshilfe und Hilfe zur Pflege. Im Übrigen entsprechen die Leistungen der Krankenhilfe denen der Gesetzlichen Krankenversicherung (§ 52 SGB XII).

Neben der Hilfe zum Lebensunterhalt kann Anspruch auf die Gewährung von Hilfe zur Weiterführung des Haushalts (§ 70 SGB XII) bestehen. Voraussetzung ist, dass ein eigener Haushalt besteht, keiner der Haushaltsangehörigen den Haushalt führen kann und die Weiterführung des Haushalts geboten ist. Die Hilfe wird in der Regel nur vorübergehend gewährt, es sei denn, sie kann die Unterbringung in einer Anstalt, einem Heim oder einer gleichartigen Einrichtung verhindern. Die Hilfe umfasst die persönliche Betreuung von Haushaltsangehörigen sowie die sonstige zur Weiterführung des Haushalts erforderlichen Tätigkeiten.

Seit dem 1. Januar 2003 haben Personen ab dem 65. Lebensjahr und dauerhaft voll erwerbsgeminderte Volljährige, die kein oder nur ein geringes Einkommen und Vermögen haben, einen Anspruch auf Leistungen der Grundsicherung im Alter und bei Erwerbsminderung (§§ 41–46 SGB XII). Anders als die Hilfe zum Lebensunterhalt muss die Grundsicherung ausdrücklich beantragt werden.

**! Ein Anspruch auf Leistungen der Grundsicherung setzt voraus, dass der Betroffene 65 Jahre oder unabhängig von der Arbeitsmarktlage voll erwerbsgemindert ist und es wahrscheinlich bleibt.**

Voll erwerbsgemindert heißt, dass der Betroffene dauerhaft nicht mindestens drei Stunden täglich arbeiten kann. Gerade bei Menschen mit einer chronisch verlaufenden psychischen Erkrankung ist aber typisch, dass die Erwerbsfähigkeit phasenweise Schwankungen unterliegt und nur teilweise eine verminderte Erwerbsfähigkeit besteht.

Bezieher einer Rente wegen voller Erwerbsminderung auf Dauer können gegebenenfalls einen Anspruch auf Leistungen der Grundsicherung haben, wenn die Rente niedriger ist als die Leistungen der Grundsicherung.

Häufig erhalten aber Menschen mit einer chronischen psychischen Erkrankung oder Behinderung keine Rente wegen verminderter Erwerbsfähigkeit, weil sie die Vorversicherungszeiten nicht erfüllt haben (→ S. 117 f.). Gleichwohl kann aber ein Anspruch auf Leistungen der Grundsicherung bestehen. Im Zweifelsfall kann man einen Antrag bei dem zuständigen Sozialamt stellen. Dieses muss dann auf seine Kosten den Rentenversicherungsträger prüfen lassen, ob die Voraussetzung einer vollen und dauerhaften Erwerbsminderung besteht (§ 45 SGB XII).

Bezieher einer Rente wegen teilweiser Erwerbsminderung oder einer befristeten Rente wegen Erwerbsminderung haben keinen Anspruch auf Leistungen der Grundsicherung, aber gegebenenfalls auf Hilfe zum Lebensunterhalt.

Die Höhe der Grundsicherung orientiert sich an den Leistungen, die von der Sozialhilfe im Rahmen der Hilfe zum Lebensunterhalt gewährt werden. Personen, die älter als 65 Jahre oder voll erwerbsgemindert sind und einen Schwerbehindertenausweis mit dem Merkzeichen G besitzen, erhalten einen Mehrbedarf in Höhe von 17 Prozent des Regelsatzes.

Ein wesentlicher Unterschied zu den Regelungen der Hilfe zum Lebensunterhalt besteht darin, dass ein Unterhaltsanspruch gegenüber Eltern oder Kindern nur dann gegeben ist, wenn diese über ein Einkommen verfügen, das mehr als 100 000 Euro jährlich beträgt. Damit dürfte in den meisten Fällen faktisch kein Unterhaltsanspruch bestehen. Berücksichtigt werden aber Einkommen und Vermögen des Hilfesuchenden (→ S. 155 ff.) sowie Unterhaltsleistungen von geschiedenen oder getrennt lebenden Ehegatten und Partnern einer aufgehobenen Lebenspartnerschaft.

## Eingliederungshilfe für behinderte Menschen

**! »Besondere Aufgabe der Eingliederungshilfe ist es, eine drohende Behinderung zu verhüten oder eine Behinderung oder deren Folgen zu beseitigen oder zu mildern und die behinderten Menschen in die Gesellschaft einzugliedern. Hierzu**

**gehört insbesondere, den behinderten Menschen die Teilnahme am Leben in der Gemeinschaft zu ermöglichen und zu erleichtern, ihnen die Ausübung eines angemessenen Berufs oder einer sonstigen angemessenen Tätigkeit zu ermöglichen oder sie soweit wie möglich unabhängig von Pflege zu machen.«**

Dieser Zielsetzung in § 53 Abs. 3 SGB XII folgt eine nicht abschließende Aufzählung von Leistungen in § 54 SGB XII unter Verweis auf die Vorschriften des SGB IX (→ S. 63 ff.). Es handelt sich um

- Leistungen zur medizinischen Rehabilitation nach § 26 SGB IX,
- Leistungen zur Teilhabe am Arbeitsleben nach § 33 SGB IX,
- Leistungen in anerkannten WfbM nach § 41 SGB IX,
- Leistungen zur Teilhabe am Leben in der Gemeinschaft nach § 55 SGB IX.

Ebenfalls dazu gehören
» 1. Hilfen zu einer angemessenen Schulbildung (...),
2. Hilfe zur schulischen Ausbildung für einen angemessenen Beruf einschließlich des Besuchs einer Hochschule,
3. Hilfe zur Ausbildung für eine sonstige angemessene Tätigkeit,
4. Hilfe in vergleichbaren sonstigen Beschäftigungsstätten nach § 56,
5. nachgehende Hilfe zur Sicherung der Wirksamkeit der ärztlichen und ärztlich verordneten Maßnahmen und zur Sicherung der Teilhabe der behinderten Menschen am Arbeitsleben.«

Die Beteiligung aller Akteure, insbesondere des Betroffenen selbst, soll gewährleisten, dass die den individuellen Bedürfnissen entsprechende Hilfe geleistet wird (§ 58 SGB XII):

**! »Bei der Gewährung von Eingliederungshilfe soll der Sozialhilfeträger einen Hilfeplan erstellen und hierbei mit dem Betroffenen und allen beteiligten Einrichtungen und Diensten zusammenarbeiten.«**

Die Leistungen der Eingliederungshilfe für behinderte Menschen sind für die psychiatrische Versorgung von erheblicher Bedeutung, da über sie in der Regel die Angebote des Betreuten Wohnens finanziert werden. Die Zuständigkeit der Eingliederungshilfe hat für die Betroffenen allerdings zur Folge, das sie für die erforderlichen Hilfen ihr Einkommen und Vermögen weitgehend einsetzen müssen (→ S. 155 ff.).

## Hilfe zur Pflege

Mit dem Inkrafttreten der Pflegeversicherung erfolgte auch eine Änderung der Regelungen der Hilfe zur Pflege im Sozialhilferecht (§§ 61–66 SGB XII). Dabei wurde das Sozialhilferecht im Wesentlichen an die Regelungen des Pflegeversicherungsgesetzes angepasst, insbesondere im Hinblick auf die Definition der Pflegebedürftigkeit, den Hilfebedarf und das Pflegegeld (→ S. 126 ff.). Jetzt werden z. B. in den einzelnen Pflegestufen die gleichen Geldbeträge wie in der Pflegeversicherung gewährt.

Es gibt allerdings nach wie vor wichtige Unterschiede zur Pflegeversicherung. Insbesondere bei der Hilfe in stationären und teilstationären Einrichtungen und durch ambulante Dienste hat die Sozialhilfe angesichts der Lücken in der Pflegeversicherung eine wichtige Ergänzungsfunktion: Sie kann gewährt werden, wenn der Umfang der Pflegebedürftigkeit denjenigen der Pflegestufe I unterschreitet oder voraussichtlich für weniger als sechs Monate besteht oder Hilfe für andere Verrichtungen als nach dem Katalog der Pflegeversicherung benötigt wird (sog. Pflegestufe 0). Es gibt dann jedoch keine Geldleistung mehr, sondern nur noch Kostenerstattung für bestimmte Sachleistungen.

Ein weiterer wichtiger Unterschied ist, dass bei Hilfe durch ambulante Dienste oder durch Einrichtungen der Leistungsumfang nicht durch einen im Gesetz festgelegten Betrag begrenzt ist. Dafür muss der Pflegebedürftige sein Einkommen und Vermögen nach den sozialhilferechtlichen Vorschriften einsetzen.

## Kostenübernahme bei der Hilfe durch Einrichtungen

Nach der Regelung des § 75 SGB XII ist der Sozialhilfeträger zur Übernahme der Kosten, die durch Inanspruchnahme einer Einrichtung entstehen, nur dann verpflichtet, wenn mit dem Träger der Einrichtung eine Vereinbarung besteht über:

1. Inhalt, Umfang und Qualität der Leistungen (Leistungsvereinbarung);
2. die Vergütung, die sich aus Pauschalen und Beträgen für die einzelnen Leistungsbereiche zusammensetzt (Vergütungsvereinbarung);
3. die Prüfung der Wirtschaftlichkeit und Qualität der Leistungen (Prüfungsvereinbarung).

Die Vergütungsvereinbarung muss sich dabei ihrerseits gemäß § 76 SGB XII aus mindestens drei Pauschalen zusammensetzen:

- der Pauschale für Unterkunft und Verpflegung (Grundpauschale),
- der Pauschale für die Maßnahmen (die Dienstleistungen im Bereich der Betreuung, Anleitung, Pflege usw.), die nach Grup-

pen für Hilfeempfänger mit vergleichbarem Hilfebedarf zu kalkulieren ist, und
- einem Betrag für betriebsnotwendige Anlagen einschließlich ihrer Ausstattung (Investitionsbetrag).

Diese Regelung ermöglicht nicht nur mehr Transparenz über die erbrachten Hilfen und deren Kosten, sondern bietet grundsätzlich auch die Möglichkeit, bei den Maßnahmepauschalen von einer einrichtungsbezogenen zu einer personenbezogenen Vergütungsstruktur zu gelangen. Die Umsetzung dieser gesetzlichen Vorgaben, insbesondere die Kalkulation der Maßnahmepauschale, bereitet jedoch erhebliche Probleme, führt bisher zu regional unterschiedlichen Lösungen und ist in vielen Bundesländern auch heute noch nicht abgeschlossen.

## Einsatz von Einkommen und Vermögen

Gemäß dem Prinzip des Nachrangs der Sozialhilfe wird bei der Beantragung von Sozialhilfeleistungen unter anderem geprüft, inwieweit die Antragsteller über einzusetzendes Einkommen und/oder Vermögen verfügen.

**! Bei der Hilfe zum Lebensunterhalt und bei der Grundsicherung im Alter sowie bei Erwerbsminderung ist das Einkommen unter Berücksichtigung der Hinzuverdienstgrenzen vollständig einzusetzen, bei den weiteren Hilfen nur bei Übersteigen einer bestimmten Einkommensgrenze.**

Diese liegt nach § 85 SGB XII zurzeit bei 694 Euro zuzüglich Kosten der Unterkunft und Familienzuschläge.

Wer einen Anspruch auf Leistungen der Hilfe zum Lebensunterhalt oder der Grundsicherung hat, kann sich noch etwas hinzuverdienen. Wer erwerbstätig ist, dem steht als Freibetrag ein Sockel in Höhe von 30 Prozent des Einkommens aus selbstständiger und nichtselbstständiger Tätigkeit zu, höchstens jedoch 50 Prozent des Eckregelsatzes (zurzeit 173,50 Euro). Bei einer Beschäftigung in einer Werkstatt für behinderte Menschen beträgt der Freibetrag ein Achtel des Eckregelsatzes (zurzeit 43,38 Euro) zuzüglich 25 Prozent des diesen Betrag übersteigenden Entgelts (§ 82 Abs. 3 SGB XII).

Als geschütztes Vermögen gelten nach § 90 SGB XII u. a.

- ein angemessenes Hausgrundstück, das vom Hilfesuchenden allein oder zusammen mit Angehörigen ganz oder teilweise bewohnt wird;
- sonstiges Vermögen, solange es nachweislich zur baldigen Beschaffung oder Erhaltung eines Hausgrundstücks bestimmt ist, das Wohnzwecken Behinderter dienen soll;
- kleinere Barbeträge oder sonstige Geldwerte, bei denen auch eine besondere Notlage des Hilfesuchenden zu berücksichtigen ist (1600 Euro bei der Hilfe zum Lebensunterhalt, 2600 Euro bei der Grundsicherung und den weiteren Hilfen).

Zum Vermögen gehört auch das geerbte Vermögen. Allerdings besteht die Möglichkeit, testamentarisch den Vermögenseinsatz auszuschließen und das Vermögen für den Betroffenen auf Lebenszeit zur Erfüllung besonderer Bedürfnisse zu erhalten.

**TIPP** **Für die Gestaltung eines sogenannten Behindertentestaments ist fachliche Beratung durch einen Rechtsanwalt oder Notar unerlässlich.**

Die Regelungen zum Einkommens- und Vermögenseinsatz haben Betroffene mit Erwerbseinkommen, Rente oder kleinem Vermögen schon oftmals davon abgehalten, notwendige Hilfen in Anspruch zu nehmen. Für diese kann es hilfreich sein zu wissen, dass die Heranziehung durch den Sozialhilfeträger nach § 92 Abs. 2 SGB XII auf die Kosten des Lebensunterhalts beschränkt ist, wenn es um folgende Leistungen im Rahmen der Eingliederungshilfe geht:

- Hilfen zur schulischen Ausbildung für einen angemessenen Beruf oder zur Ausbildung für eine sonstige angemessene Tätigkeit in besonderen Einrichtungen für behinderte Menschen,
- Leistungen zur medizinischen Rehabilitation (§ 26 SGB IX),
- Leistungen zur Teilhabe am Arbeitsleben (§ 33 SGB IX) oder
- Leistungen in anerkannten Werkstätten für behinderte Menschen oder in vergleichbaren Beschäftigungsstätten.

Diese Einschränkung gilt allerdings nicht für Leistungen zur Teilhabe am Leben in der Gemeinschaft, z. B. in Heimen, ambulant betreuten Wohnformen oder Tagesstätten. In diesen Fällen erfolgt – sofern entsprechendes Einkommen bzw. Vermögen vorhanden ist – auch eine Heranziehung zu den Maßnahme- bzw. Betreuungskosten.

## Unterhaltspflicht – Heranziehung von Angehörigen

Entsprechend dem Nachrangprinzip der Sozialhilfe werden – wenn ein Familienmitglied Leistungen der Sozialhilfe in Anspruch nimmt – auch Ansprüche gegenüber den Ehegatten und Verwandten ersten Grades (Eltern, Kinder) geltend gemacht, sofern diese über ein entsprechendes Einkommen und Vermögen verfügen.

Wenn ein psychisch erkrankter Mensch über kein oder kein ausreichendes Einkommen für seinen Lebensunterhalt verfügt, außerdem kein einzusetzendes Vermögen hat und Hilfe zum Lebensunterhalt als Leistung der Sozialhilfe bezieht, können die Verwandten ersten Grades bis zum sogenannten unterhaltsrechtlichen Selbstbehalt herangezogen werden. Falls ihr laufendes Einkommen für die Unterhaltsverpflichtung nicht ausreicht, müssen sie auch vorhandenes Vermögen einsetzen, sofern dieses nicht für den eigenen Lebensunterhalt benötigt wird. Empfänger von Arbeitslosengeld II oder Grundsicherung im Alter und bei Erwerbsminderung können aber nur in Ausnahmefällen auf einen Unterhaltsanspruch gegen ihre Angehörigen verwiesen werden.

Mit dem SGB IX wurde der Rückgriff der Sozialhilfeträger auf Eltern neu geregelt, deren volljähriges Kind Eingliederungshilfe oder Hilfe zur Pflege erhält. Nunmehr entfällt die Bedürftigkeitsprüfung und stattdessen haben die Eltern einen pauschalen Unterhaltsbetrag in Höhe von 26 Euro monatlich zu entrichten, sofern sie durch die Zahlung dieses Pauschalbetrages nicht selbst sozialhilfebedürftig werden. Weitere 20 Euro sind zu bezahlen, wenn zusätzlich zu den genannten Hilfen Hilfe zum Lebensunterhalt gewährt wird. Diese 20 Euro werden nicht erhoben, wenn das volljährige Kind Grundsicherung bei Erwerbsminderung erhält.

Durch die Einführung der Pauschalen ist zumindest beim Unterhaltsrückgriff die seit Langem geforderte Gleichbehandlung von Empfängern stationärer und ambulanter Leistungen der Eingliederungshilfe im Wesentlichen erreicht worden. Bedeutung hat dies vor allem für Eltern von volljährigen Kindern im Betreuten Wohnen, die jetzt nicht mehr schlechter gestellt sind als Eltern von Heimbewohnern.

Außerdem können Eltern die Härtefallregelung in Anspruch nehmen, bei der vom Sozialhilfeträger geprüft wird, ob eine unbillige Härte vorliegt. Eine unbillige Härte liegt z. B. bei langjähriger psychischer und ökonomischer Belastung durch die psychische Krankheit des Angehörigen vor. In diesem Fall entfällt die Verpflichtung zur Zahlung des Unterhaltsbetrags.

**INFO** Über Leistungen nach der Sozialhilfe zu informieren und zu beraten ist zunächst und in erster Linie eine Aufgabe der Sozialämter. Da diese Aufgabe nicht immer in befriedigendem Umfang wahrgenommen wird, haben sich an einigen Orten »Sozialhilfeinitiativen« gegründet. Diese sind bei den Wohlfahrtsverbänden, Verbraucherberatungsstellen oder Selbsthilfe-Kontaktstellen zu erfragen. Zum Teil bieten auch die Wohlfahrtsverbände selbst Information zu Leistungen nach dem SGB XII an. Wichtige Informationen und Gerichtsentscheidungen findet man unter www.tacheles-sozialhilfe.de. Daneben gibt es inzwischen mehrere Informationsbroschüren und Ratgeber zur Sozialhilfe:

Bundesministerium für Arbeit und Soziales (Hg.): Sozialhilfe – Ihr gutes Recht.

Kostenlose Informationsbroschüre zu den Leistungen nach dem SGB XII, die einen allgemeinen Überblick vermittelt:

»Leitfaden der Sozialhilfe« und »Leitfaden Sozialhilfe für Behinderte und Pflegebedürftige« (Bezug über: Fachhochschulverlag, Kleiststraße 31, 60318 Frankfurt/Main).

Beide Leitfäden werden fortlaufend aktualisiert und informieren umfassend über Rechtsansprüche nach dem Sozialhilferecht wie auch zu Fragen der Mitwirkungspflicht der Betroffenen, Einsatzes von Einkommen und Vermögen sowie der Heranziehung unterhaltspflichtiger Angehöriger.

Brühl, A.; Sauer, J: Mein Recht auf Sozialleistungen – Grundsicherung für Arbeitssuchende, Sozialhilfe, Sonstige Sozialleistungen. München 2007.

BRÜHL A.: Sozialhilfe für Betroffene von A–Z. München.
Nach Personengruppen (u. a. Behinderte, Kranke, Obdachlose, Schuldner) gegliederte, regelmäßig aktualisierte Darstellung der Leistungen nach dem SGB XII. ■

Das Schwerbehindertenrecht regelt – unabhängig von Leistungen zur Rehabilitation und Teilhabe – Hilfen und Nachteilsausgleiche für schwerbehinderte Menschen, die sich vor allem auf das Arbeitsleben beziehen (SGB IX, Teil 2).

Voraussetzung für die Inanspruchnahme von Leistungen nach dem Schwerbehindertenrecht ist das Vorliegen der Schwerbehinderteneigenschaft. Der Nachweis darüber erfolgt in der Regel durch den vom Versorgungsamt ausgestellten Schwerbehindertenausweis.

Ob psychisch kranke Menschen einen Schwerbehindertenausweis beantragen sollen, ist im Einzelfall abzuwägen, da die Schwerbehinderteneigenschaft zwar rechtliche Vorteile bringen kann, häufig aber auch als diskriminierend empfunden wird. Im Einzelfall, z. B. bei der Bewerbung um einen Arbeitsplatz, kann die Schwerbehinderteneigenschaft auch hinderlich sein, da sie auf Fragen des Arbeitgebers offenbart werden muss. Dies gilt aber nicht für die psychische Krankheit an sich, es sei denn die Erfüllung der Arbeitspflichten am konkreten Arbeitsplatz ist durch sie von vornherein ausgeschlossen.

## Personenkreis und Anerkennungsverfahren

Schwerbehinderte sind Personen, bei denen – nicht nur vorübergehende – Funktionseinschränkungen mit einem Grad der Behinderung (GdB) von mindestens 50 bestehen. Die Ermittlung des Grades der Behinderung im Sinne des Schwerbehindertenrechts erfolgt im Rahmen eines Anerkennungsverfahrens bei den Versorgungsämtern. Liegt kein GdB von mindestens 50 vor, gilt die betroffene Person nicht als schwerbehindert. Beträgt der GdB jedoch mindestens 30, kann beim Arbeitsamt die Gleichstellung mit Schwerbehinderten beantragt werden, wenn anders kein Arbeitsplatz erlangt oder behalten werden kann.

Zur Feststellung der Schwerbehinderteneigenschaft ist ein Antrag beim Versorgungsamt zu stellen, von dem im Rahmen eines ärztlichen Begutachtungsverfahrens der Grad der Behinderung ermittelt wird. Dabei kann auf eine Untersuchung verzichtet werden, falls entsprechende ärztliche Unterlagen vorgelegt werden, die ein ausreichendes Bild von der Art und dem Ausmaß der Behinderungen vermitteln können.

Leitfaden und Grundlage für die Begutachtung sind die »Anhaltspunkte für die ärztliche Gutachtertätigkeit im sozialen Entschädigungsrecht und nach dem Schwerbehindertenrecht«. In den Anhaltspunkten wird darauf hingewiesen, dass »geistige und seelische Störungen« eine spezielle psychiatrische Untersuchung erfordern: »Außer einer neurologischen und psychiatrischen Untersuchung, die oft über die allgemeine Vorgeschichte hinaus eine zeitaufwendige biografische Anamneseerhebung einschließen muss, ist häufig zusätzlich eine gutachtenrelevante leistungspsychologische Untersuchung einschließlich Persönlichkeitsdiagnostik angezeigt.« Bei der Beurteilung und Bezeichnung der Gesundheitsstörungen ist die Auswirkungen der Störung zu beschreiben. Klinische Diagnosen reichen also nicht aus, von ihnen wird sogar ausdrücklich gesagt, dass sie als Bezeichnung nicht geeignet sind: »Da die vom Gutachter angegebene Bezeichnung in der Regel in den Bescheid übernommen wird und da der Antragsteller sowie Angehörige und manchmal auch andere Stellen davon Kenntnis erhalten, müssen Formulierungen, die seelisch belasten oder bloßstellen können, vermieden werden.« In diesem Sinne ist etwa »statt ›Schizophrenie‹ ›psychische Behinderung‹ anzugeben«.

Während bei den meisten körperlichen Behinderungen die vorhandenen Funktionseinschränkungen relativ genau zu messen sind und einem entsprechenden Grad der Behinderung zugeordnet werden können, sind die Auswirkungen einer psychischen Erkrankung in aller Regel weniger offenkundig und vor allem nicht eindeutig messbar.

Der Auszug aus der GdB-Tabelle verdeutlicht, dass bei psychischen Erkrankungen vor allem die Ausprägung »sozialer Anpassungsschwierigkeiten« von entscheidender Bedeutung ist, bei deren Bewertung ein recht großer Spielraum besteht. Für eine angemessene Beurteilung kommt hier den Befunden der behandelnden Ärzte große Bedeutung zu, die deshalb nicht nur die medizinischen Aspekte, sondern auch die sozialen Auswirkungen und Funktionsbeeinträchtigungen eingehend darstellen sollten.

**Auszug aus der Tabelle GdB-Tabelle**

| Psychische Erkrankung | (Grad der Behinderung) |
|---|---|
| **Schizophrene und affektive Psychosen** | |
| Lang dauernde (über ein halbes Jahr anhaltende) Psychose im floriden Stadium je nach Einbuße beruflicher und sozialer Anpassungsmöglichkeiten | 50 – 100 |
| Schizophrener Residualzustand (z. B. Konzentrationsstörung, Kontaktschwäche, Vitalitätseinbuße, affektive Nivellierung) | |
| mit geringen und einzelnen Restsymptomen ohne soziale Anpassungsschwierigkeiten | 10 – 20 |
| mit leichten sozialen Anpassungsschwierigkeiten | 30 – 40 |
| mit mittelgradigen sozialen Anpassungsschwierigkeiten | 50 – 70 |
| mit schweren sozialen Anpassungsschwierigkeiten | 80 – 100 |

| Psychische Erkrankung | (Grad der Behinderung) |
|---|---|
| Affektive Psychose mit relativ kurz dauernden, aber häufig wiederkehrenden Phasen | |
| bei ein bis zwei Phasen im Jahr von mehrwöchiger Dauer je nach Art und Ausprägung | 30–50 |
| bei häufigeren Phasen von mehrwöchiger Dauer | 60–100 |
| Nach dem Abklingen lang dauernder psychotischer Episoden ist im Allgemeinen (Ausnahme siehe unten) eine Heilungsbewährung von zwei Jahren abzuwarten. | |
| Grad der Behinderung während dieser Zeit | |
| wenn bereits mehrere manische oder manische und depressive Phasen vorangegangen sind | 50 |
| sonstige<br>Eine Heilungsbewährung braucht nicht abgewartet zu werden, wenn eine monopolar verlaufene depressive Erkrankung vorgelegen hat, die als erste Krankheitsphase oder erst mehr als zehn Jahre nach einer früheren Krankheitsphase aufgetreten ist. | 30 |
| **Neurosen, Persönlichkeitsstörungen, Folgen psychischer Traumen** | |
| Leichtere psychovegetative oder psychische Störungen | 0–20 |
| Stärker behindernde Störungen mit wesentlicher Einschränkung der Erlebnis- und Gestaltungsfähigkeit (z. B. ausgeprägtere depressive, hypochondrische, asthenische oder phobische Störungen, Entwicklungen mit Krankheitswert, somatoforme Störungen) | 0–40 |
| Schwere Störungen (z. B. schwere Zwangskrankheit) | |
| mit mittelgradigen sozialen Anpassungsschwierigkeiten | 50–70 |
| mit schweren sozialen Anpassungsschwierigkeiten | 80–100 |

Quelle: Anhaltspunkte für die ärztliche Gutachtertätigkeit im sozialen Entschädigungsrecht und nach dem Schwerbehindertenrecht (www.anhaltspunkte.vsbinfo.de)

## Leistungen

Für psychisch behinderte Menschen sind insbesondere die begleitenden Hilfen im Arbeitsleben von Bedeutung. Sie sind eine Pflichtaufgabe der Integrationsämter (§ 102 Abs. 1 Nr. 3 SGB IX) und sollen sicherstellen, dass schwerbehinderte Menschen im Arbeitsleben keine Nachteile aufgrund ihrer Behinderung erleiden.

Der einzelne schwerbehinderte Mensch hat ein Recht auf die Übernahme der Kosten einer Arbeitsassistenz am Arbeitsplatz (§ 102 Abs. 4 SGB IX). Weiter in Betracht kommen die Gewährung von finanziellen Hilfen an den Arbeitgeber zum Ausgleich von wesentlichen Leistungsminderungen sowie technische Hilfen zur behinderungsgerechten Gestaltung des Arbeitsplatzes, beispielsweise zur Eindämmung von äußeren Reizen wie Lärm, den psychisch behinderte Menschen oft nicht ertragen können. Diese Maßnahmen werden aus Mitteln der Ausgleichsabgabe finanziert (§ 19 und § 26 Ausgleichsabgabe-Verordnung).

Außerdem bestehen für schwerbehinderte Menschen besondere Kündigungsschutzregelungen. Die Kündigung eines Arbeitsverhältnisses bedarf der vorherigen Zustimmung des Integrationsamtes (§ 85 SGB IX).

**INFO** Von den Integrationsämtern werden Informationsmaterialien zum Anerkennungsverfahren sowie über Leistungen für Schwerbehinderte herausgegeben (nachzufragen bei den Integrationsämtern oder dem örtlichen Arbeitsagenturen bzw. dem Sozialamt).

Bundesministerium für Arbeit und Soziales (Hg.): Ratgeber für Behinderte.

Der kostenlos erhältliche und fortlaufend aktualisierte Ratgeber gibt einen allgemein verständlichen Überblick über Leistungen für behinderte und schwerbehinderte Menschen und enthält einschlägige Gesetzestexte und Verordnungen. Bestellung unter kostenlosem Download:
http://www.bmas.de/coremedia/generator/10386/ratgeber_fuer_behinderte_menschen.html ■

## Kinder- und Jugendhilfe

Das Recht der Kinder- und Jugendhilfe (SGB VIII) regelt Hilfen für Kinder, Jugendliche und junge Erwachsene bis zum Alter von 21 Jahren. Die Leistungen nach diesem Gesetz haben Vorrang vor Leistungen nach dem SGB XII (Sozialhilfe), werden ansonsten aber nur gewährt, wenn kein anderer Leistungsträger zuständig ist. Dementsprechend haben beispielsweise Leistungen der Krankenversicherung zur Behandlung und Rehabilitation Vorrang vor Leistungen nach dem SGB VIII. Kinder und Jugendliche sowie ihre Eltern müssen sich in angemessenem Umfang an den Kosten der Jugendhilfe beteiligen, wobei die tatsächlichen Aufwendungen nicht überschritten werden dürfen. Für die Kostenbeiträge bestehen nach Einkommensgruppen gestaffelte Pauschalbeträge. Träger der öffentlichen Jugendhilfe sind die Jugendämter bei den Landkreisen und kreisfreien Städten.

Im Unterschied zu körperlich oder geistig behinderten Kindern und Jugendlichen, für die Leistungen der Eingliederungshilfe nach wie vor im Sozialhilferecht geregelt sind, ist die Eingliederungshilfe für seelisch behinderte Kinder und Jugendliche (§ 35 a SGB VIII) eine Aufgabe der Kinder- und Jugendhilfe. Die Verwendung des Begriffs der seelischen Behinderung in Verbindung mit Kindern und Jugendlichen ist zwar problematisch, er eröffnet dieser Personengruppe aber auch die Chance, qualifizierte Hilfe von Einrichtungen der Jugendhilfe und Psychiatrie in Anspruch zu nehmen.

Die Formen der Eingliederungshilfe (§ 35 a Abs. 1 SGB VIII) entsprechen weitgehend denen der Hilfe zur Erziehung (§§ 27–35 SGB VIII). Die Aufgaben und Ziele entsprechen denen der Eingliederungshilfe nach dem SGB XII. Bei der Aufstellung des Hilfeplans soll in der Regel ein Arzt für Kinder- und Jugendpsychiatrie und -psychotherapie beteiligt werden, der auch zum Vorliegen einer seelischen Behinderung eine Stellungnahme abzugeben hat.

Gemäß der Regelung des § 41 SGB VIII sollen die Hilfen zur Persönlichkeitsentwicklung und zu einer eigenverantwortlichen Lebensführung so lange gewährt werden, wie sie notwendig sind. Als Altersgrenze ist die Vollendung des 21. Lebensjahres vorgesehen, in begründeten Einzelfällen können die Hilfen für junge Volljährige aber auch für einen begrenzten Zeitraum darüber hinaus erbracht werden.

Wenn der Elternteil, der die überwiegende Betreuung des Kindes übernommen hat, diese Aufgaben etwa wegen einer psychischen Erkrankung nicht wahrnehmen kann, soll der andere Elternteil bei der Betreuung und Versorgung des im Haushalt lebenden Kindes unterstützt werden. Diese Hilfe kommt auch für Alleinerziehende in Betracht (§ 20 SGB VIII). Da die Zielsetzung dieser Hilfe wie auch die Voraussetzungen für die Inanspruchnahme wesentlich weiter gefasst sind als bei der Gewährung von Haushaltshilfe durch die hierfür vorrangig zuständige Kranken- oder Rentenversicherung, ist diese Regelung eine wichtige Ergänzung. Ihr Nachteil ist, dass Eltern zu den Kosten der Haushaltshilfe bzw. Pflegeperson herangezogen werden können, wenn sie über entsprechendes Einkommen oder Vermögen verfügen (§§ 91–94 SGB VIII).

INFO Zum Kinder- und Jugendhilfegesetz (Sozialgesetzbuch VIII) gibt es eine vom Bundesministerium für Familie, Senioren, Frauen und Jugend herausgegebene Informationsbroschüre, die neben allgemeinen Erläuterungen auch den Gesetzestext enthält. Der Text steht nur als Download im Internet zur Verfügung unter:
http://www.bmfsfj.de/RedaktionBMFSFJ/Broschuerenstelle/Pdf-Anlagen/PRM-24141-KJHG-Text,property=pdf.pdf.
Die Erteilung von Auskunft über Leistungen nach dem Kinder- und Jugendhilfegesetz gehört zu den Aufgaben der Jugendämter. ■

## Gesetzliche Unfallversicherung

Die gesetzliche Unfallversicherung (SGB VII) erbringt Leistungen bei Berufskrankheiten und Arbeitsunfällen, inklusive Unfällen auf dem Weg von und zur Arbeit. Der Versicherungsschutz gilt für alle Beschäftigten, d.h. auch für behinderte Menschen, die in anerkannten Werkstätten für behinderte Menschen tätig sind, sowie für Personen, die ehrenamtlich im Gesundheitswesen oder der Wohlfahrtspflege tätig sind (§ 2 Abs. 1 SGB VII). Unfallversicherungsträger sind in erster Linie die gewerblichen Berufsgenossenschaften, aber auch die Unfallkassen der Gemeinden und der Länder.

Gewährt werden u.a. die Kosten für Heilbehandlung und Pflege, Leistungen zur medizinischen Rehabilitation, zur Teilhabe am Arbeitsleben und am Leben in der Gemeinschaft, Verletztengeld, Übergangsgeld und Verletztenrente. Hinsichtlich des Leistungsumfangs ist allerdings zu beachten, dass sich die Geldleistungen (z.B. Verletztenrente, Übergangsgeld) nach der

Höhe des aus der Tätigkeit erzielten Einkommens richten. Liegen die Leistungsvoraussetzungen der gesetzlichen Unfallversicherung vor, gehen die Leistungen zur Rehabilitation und Teilhabe den Leistungen der anderen Rehabilitationsträger vor.



## Kindergeldrecht

Seit 1996 ist das Kindergeldrecht überwiegend im Einkommensteuerrecht (EStG) geregelt. Das Bundeskindergeldgesetz (BKGG) hat nur noch Bedeutung für Personen, die nicht unbeschränkt steuerpflichtig im Sinn des Einkommensteuergesetzes sind. Die Anspruchsvoraussetzungen decken sich aber im Wesentlichen.

**! Für ein über 18 Jahre altes Kind wird Kindergeld gezahlt, wenn es wegen einer körperlichen, geistigen oder seelischen Behinderung nicht in der Lage ist, seinen Lebensunterhalt durch eigene Erwerbstätigkeit oder durch andere Einkünfte und Bezüge zu bestreiten.**

Dies ist der Fall, sofern die Einkünfte und Bezüge nicht den Grenzbetrag von 7680 Euro im Kalenderjahr übersteigen. Kindergeld wird dann über das 27. Lebensjahr hinaus gezahlt, wenn die Behinderung vor Vollendung des 27. Lebensjahres eingetreten ist.

Umstritten war einige Zeit, ob Eltern einen Anspruch auf Kindergeld haben, wenn das volljährige Kind in einer Einrichtung vollstationär versorgt wird. Die Sozialhilfeträger vertraten die Auffassung, dass in diesen Fällen durch die Leistungen der Eingliederungshilfe der notwendige Unterhalt abgedeckt ist und begehrten für sich das Kindergeld. Zwischenzeitlich hat der

Bundesfinanzhof in mehreren Fällen klargestellt, dass Eltern von vollstationär betreuten volljährigen behinderten Kindern in der Regel einen Anspruch auf Kindergeld in voller Höhe haben, wenn das Kind neben den Einkünften aus der Beschäftigung in einer WfbM und/oder einem Taschengeld kein weiteres Einkommen hat.

Auf Leistungen der Grundsicherung bei Erwerbsminderung darf das Kindergeld, das den Eltern des Hilfeempfängers zusteht, nach der Rechtsprechung des Bundessozialgerichts nicht angerechnet werden.

**INFO** Über Leistungen nach dem Bundeskindergeldgesetz informiert die vom Bundesamt für Finanzen und der Bundesagentur für Arbeit herausgegebene Broschüre »Kindergeld«, die kostenlos bei der Arbeitsagentur – Kindergeldkasse – zu erhalten ist. ■

## Wohngeld

Das Wohngeldgesetz (WoGG) hilft Mietern und Inhabern von Eigenheimen oder Eigentumswohnungen mit geringem Einkommen, die Wohnkosten zu tragen. Auf Wohngeld, das nach Höhe des Einkommens und Zahl der Haushaltsmitglieder bis zu bestimmten Höchstbeträgen gestaffelt ist, besteht ein Rechtsanspruch. Leistungsberechtigte nach dem SGB II (Grundsicherung für Arbeitsuchende) und dem SGB XII (Sozialhilfe) haben ab dem 1.1.2005 keinen Anspruch auf Wohngeld mehr.

**INFO** Über Leistungen nach dem Wohngeldgesetz und die Anspruchsvoraussetzungen informiert die Broschüre »Wohngeld«, die kostenlos beim Presse- und Informationsamt der Bundesregierung (siehe Anhang) angefordert werden kann. ■

# TEIL III Hilfe oder Zwang

## Überblick

Mit dem zum 1.1.1992 in Kraft getretenen Betreuungsrecht wurde das alte Vormundschafts- und Pflegschaftsrecht für Volljährige abgelöst. Inzwischen wurde das Betreuungsrecht bereits zwei Mal geändert, vor allem mit dem Ziel, die steigenden Betreuungszahlen und die damit verbundenen Kostensteigerungen für die Länderhaushalte einzudämmen. Ein weiteres Betreuungsrechtsänderungsgesetz mit dem Ziel einer gesetzlichen Regelung der Patientenverfügung ist geplant.

Die für das Betreuungsrecht wichtigen gesetzlichen Vorschriften sind in mehreren Einzelgesetzen enthalten. Von besonderer Bedeutung sind dabei das Bürgerliche Gesetzbuch (BGB), in dem unter anderem die Voraussetzungen für die Bestellung eines Betreuers und die Aufgaben des Betreuers geregelt sind, das Gesetz über die Angelegenheiten der Freiwilligen Gerichtsbarkeit (FGG) mit den Regelungen zum gerichtlichen Verfahren in Betreuungssachen sowie dem gerichtlichen Verfahren bei der Unterbringung nach dem Betreuungsrecht und den Ländergesetzen zur Unterbringung psychisch Kranker sowie das Betreuungsbehördengesetz (BtBG).

**! Bei der Betreuung nach dem Betreuungsrecht geht es um die Unterstützung der betroffenen Menschen bei der Wahrnehmung und Wahrung ihrer rechtlicher Interessen.**

Mit dem Betreuungsrecht wurde die Rechtsposition der Betroffenen gestärkt. Dies findet seinen Ausdruck vor allem in folgenden Punkten:

- Die Betroffenen sind – und zwar unabhängig davon, ob sie geschäftsfähig sind – in allen die Betreuung betreffenden Verfahren verfahrensfähig (§ 66 FGG). Dies bedeutet, dass sie beispielsweise selbst Anträge stellen und Beschwerde gegen gerichtliche Entscheidungen einlegen können.
- Der Betreuer ist verpflichtet, den Wünschen des Betreuten weitgehend zu entsprechen (§ 1901 Abs. 3 BGB).
- Von der Bestellung eines Betreuers wird die Geschäftsfähigkeit des Betreuten grundsätzlich nicht berührt. Eine Einschränkung des Rechts, selbst rechtswirksam Verträge abzuschließen oder Geschäfte zu tätigen, erfolgt nur dann und nur für jene Aufgabenkreise, für die vom Gericht ein Einwilligungsvorbehalt angeordnet worden ist. Im Übrigen richtet sich die Beurteilung der Geschäftsunfähigkeit unabhängig von der Bestellung eines Betreuers nach § 104 BGB, d. h. es kommt immer auf den tatsächlichen psychischen Zustand des Betroffenen zum Zeitpunkt eines Vertragsabschlusses oder der Abgabe einer einseitigen Willenserklärung (z. B. Kündigung) an.
- Die Betroffenen behalten das Recht, Testamente zu erstellen und eine Ehe einzugehen (§ 1903 Abs. 2 BGB), es sei denn sie sind testierunfähig (§ 2229 BGB) oder bei der Eheschließung geschäftsunfähig (§ 1304 BGB).
- Ein Wahlrechtsausschluss besteht nur dann, wenn ein Betreuer für alle Aufgabenkreise bestellt wird.

Im Betreuungsrecht wird die Bedeutung der persönlichen Betreuung hervorgehoben. Dieser Begriff ist allerdings missverständlich, da er auch im Bereich der sozialen Dienste und Einrichtungen gebräuchlich ist. Bei der Betreuung nach dem Betreuungsrecht geht es vor allem um die Unterstützung bei der Wahrnehmung und Wahrung rechtlicher Interessen – und nicht vorrangig um die soziale Unterstützung und Begleitung, die zum Aufgabenbereich der Sozialen Arbeit gehört. Die Aufgabe des Betreuers liegt danach darin, »in dem gerichtlich bestimmten Aufgabenkreis die Angelegenheiten des Betreuten rechtlich zu besorgen und ihn hierbei im erforderlichen Umfang persönlich zu betreuen« (§ 1897 Abs. 1 BGB).

## Voraussetzungen für die Bestellung eines Betreuers

Für die Bestellung eines Betreuers für einen Volljährigen müssen mehrere Voraussetzungen gleichzeitig erfüllt sein (§ 1896 BGB):

- Es muss eine psychische Krankheit oder eine körperliche, geistige oder seelische Behinderung vorliegen.
- Infolge der Erkrankung oder Behinderung muss die Fähigkeit zur Besorgung der eigenen Angelegenheiten ganz oder teilweise beeinträchtigt sein.
- Ein Betreuer darf nicht gegen den freien Willen des Betroffenen bestellt werden.
- Die Bestellung eines Betreuers muss erforderlich sein.

Die Bestellung eines Betreuers ist nur dann erforderlich, wenn die Angelegenheiten des Betroffenen nicht durch einen Bevollmächtigten (hierzu unten) oder durch andere Hilfen (soziale Dienste etc.), bei denen kein gesetzlicher Betreuer bestellt wird, ebenso gut besorgt werden können.

**! Allein das Bestehen einer psychischen Krankheit oder das Fehlen von Fähigkeiten, bestimmte Angelegenheiten selbst zu besorgen, sind für sich genommen kein ausreichender Grund, um eine Betreuung gegen den Willen des Betroffenen einzurichten.**

Der Betroffene muss vielmehr wegen seiner Krankheit oder Behinderung außerstande sein, in den Aufgabenbereichen, für die ein Betreuer bestellt werden soll, seinen Willen frei zu bestimmen.

Bei psychischen Krankheiten kommt es häufig vor, dass die Fähigkeit zur Besorgung von Angelegenheiten nicht dauerhaft, sondern nur während der akuten Krankheitsphase beeinträchtigt ist. Bei Betroffenen, bei denen in kürzeren oder längeren Zeitabständen wiederholt akute Krankheitsphasen auftreten, halten es manchmal Angehörige oder auch Mitarbeiter psychiatrischer Einrichtungen für sinnvoll, vorsorglich eine Betreuung einzurichten, um in akuten Phasen die Zuführung zur Heilbehandlung oder eine Unterbringung unverzüglich durchführen zu können. Die vorsorgliche Bestellung eines Betreuers ist allerdings rechtlich unzulässig, solange der Betroffene seinen Willen frei bestimmen kann. In akuten Krisen ist auf die Unterbringung nach den Unterbringungsgesetzen der Bundesländer zurückzugreifen (→ S. 199 ff.).

Im Rahmen eines Betreuungsverfahrens hat das Gericht zu prüfen, ob der Betroffene Vollmachten erteilt hat und ob diese die Bestellung eines Betreuers entbehrlich machen (§ 1896 Abs. 2 BGB) (→ S. 35). Dabei kann das Gericht zu dem Ergebnis gelangen, dass die Bestellung eines Betreuers trotz der Bevollmächtigung einer Vertrauensperson erforderlich ist. Je nach

Situation des Einzelfalls, Erreichbarkeit und Eignung der bevollmächtigten Person kann das Gericht beispielsweise einen Betreuer mit dem Aufgabenkreis der Kontrolle der bevollmächtigten Person oder auch mit weiteren Aufgabenkreisen (z. B. Zustimmung zur Heilbehandlung) bestellen.

Gleichwohl kann auch, wenn der Betroffene einen Bevollmächtigten bestimmt hat oder die notwendigen sozialen Dienste vorhanden sind und in Anspruch genommen werden, die Bestellung eines Betreuers erforderlich sein, zum Beispiel um die Interessen und Rechte des Betroffenen gegenüber den sozialen Diensten wahrzunehmen, und um zu gewährleisten, dass ein vom Betroffenen eingesetzter Bevollmächtigter im Interesse und zum Wohl des Betroffenen handelt.

Kommt es zu einer Betreuerbestellung, sind die gerichtlich bestimmten Aufgabenkreise möglichst präzise zu fassen. Dieser Anforderung müssen sowohl die gerichtlichen Entscheidungen über die Bestellung eines Betreuers genügen wie auch die Gutachten der Sachverständigen, die vom Gericht zur Klärung der Erforderlichkeit einer Betreuung angefordert werden. Es muss in jedem Einzelfall eine strenge Erforderlichkeitsprüfung erfolgen. Beispielsweise darf »Heilbehandlung« nicht allgemein als Aufgabenkreis angegeben werden, sondern es sind die im Einzelfall erforderlichen Maßnahmen zu benennen. Hier können als mögliche konkrete Aufgaben in Betracht kommen:

- die Sicherstellung der ärztlichen Heilbehandlung bei: ...,
- die Zustimmung zur Heilbehandlung bei: ...,
- die Geltendmachung von Rechten gegenüber Ärzten und Kliniken,
- die Organisation und Regelung der Kosten von Rehabilitationsmaßnahmen.

Zum Betreuer kann nur eine Person bestellt werden, die für die zu erledigenden Aufgaben geeignet ist.

**! Sofern der Betroffene im oder vor dem Betreuungsverfahren eine Person als Betreuer vorschlägt, hat das Gericht diesem Vorschlag zu entsprechen, wenn er nicht dem Wohl des Betroffenen zuwiderläuft.**

Das Gericht hat außerdem die von dem Betroffenen formulierte Ablehnung bestimmter Personen als Betreuer zu berücksichtigen (§ 1897 Abs. 4 BGB).

Um die hierin enthaltenen Möglichkeiten zur selbstbestimmten Vorsorge zu nutzen, sollte eine Betreuungsverfügung (→ S. 178 f.) für den Fall der Betreuungsbedürftigkeit erstellt werden. Ein Berufsbetreuer soll nur bestellt werden, wenn keine ehrenamtliche Person zur Verfügung steht (§ 1897 Abs. 6 BGB).

Wenngleich nach wie vor die weitaus meisten Betreuungen von ehrenamtlich (unentgeltlich) tätigen Betreuerinnen und Betreuern – zumeist sind es Familienangehörige – geleistet werden, hat tendenziell insbesondere bei Personen mit psychischen Erkrankungen die Bestellung von Berufsbetreuern zugenommen. Bei Menschen mit psychischen Erkrankungen bestehen häufig sehr komplexe Problemlagen, die umfangreiche Fachkenntnisse erfordern. Die Bestellung eines Berufsbetreuers hat außerdem den Vorteil, dass die familiären Beziehungen nicht weiter belastet werden, als sie es ohnehin durch die Krankheit sind, insbesondere, wenn Eltern die rechtliche Betreuung für ihr volljähriges Kind übernehmen.

Bei den Berufsbetreuern handelt es sich vor allem um freiberuflich tätige Betreuer (Sozialarbeiter, Sozialpädagogen, Rechtsanwälte usw.) sowie um Vereinsbetreuer (Angestellte eines Betreuungsvereins) und Behördenbetreuer (Mitarbeiter der örtlichen Betreuungsbehörde).

Das Gericht ist verpflichtet, bei der Bestellung eines Betreuers festzustellen, ob dieser die Betreuung berufsmäßig führt und damit einen Anspruch auf Vergütung seiner Tätigkeit hat (zu den Kosten der Betreuung → S. 190 ff.).

## Betreuungsverfügung

Die Vorschläge des Betroffenen, eine oder mehrere Personen zum Betreuer zu bestellen, sind vom Gericht zu berücksichtigen, wenn sie in einer im Voraus getroffenen Betreuungsverfügung enthalten sind. Die Betreuungsverfügung ist damit eine wichtige Möglichkeit, auf Betreuungsverfahren auch dann Einfluss zu nehmen, wenn man aufgrund einer Krankheit oder Behinderung aktuell nicht in der Lage ist, selbst Vorschläge zu machen.

Eine Betreuungsverfügung empfiehlt sich:

- wenn die Bestellung eines rechtlichen Betreuers trotz erteilter Vollmacht (→ S. 35) erforderlich wird;
- wenn niemand zur Verfügung steht, dem eine Vollmacht erteilt werden kann, oder
- wenn auf die gerichtliche Kontrolle des Betreuers nicht verzichtet werden soll.

In eine Betreuungsverfügung können auch Wünsche und Vorstellungen betreffend die Führung der Betreuung aufgenommen werden.

Um sicherzustellen, dass eine Betreuungsverfügung auch beachtet wird, sollte sie wie eine Patientenverfügung schriftlich abgefasst und persönlich unterschrieben sein. Außerdem ist dafür Sorge zu tragen, dass im Falle eines Betreuungsverfahrens das Gericht von der Existenz einer Betreuungsverfügung erfährt, z.B. indem ein Hinweis auf die Betreuungsverfügung zusammen mit dem Personalausweis aufbewahrt und bei sich getragen wird. Der Hinweis sollte die Angabe des Ortes oder der Person, wo sie hinterlegt ist, nennen (zum Vorsorgeregister →S. 38).

Eine Betreuungsverfügung sollte folgende Angaben enthalten:

- den eigenen Namen (ggf. Geburtsnamen), Vornamen, Geburtsdatum und Geburtsort sowie die derzeitige Adresse;
- den Namen und die Adresse einer oder mehrerer Personen, die als Betreuer vorgeschlagen werden;
- die Namen und Adressen der Personen, die auf keinen Fall als Betreuer bestellt werden sollen;
- Verfügungen zur Verwaltung von Einkommen und Vermögen;
- Hinweise auf den gewünschten Lebensort im Falle der Hilfsbedürftigkeit (z.B. Priorität des Verbleibs in der eigenen Wohnung, auch wenn intensive Unterstützung durch ambulante Dienste benötigt wird; Hinweise, in welche Einrichtung eine Aufnahme bevorzugt wird bzw. möglichst nicht erfolgen sollte);
- Hinweis auf eine Patientenverfügung mit Verfügungen zur Sorge um die Gesundheit;
- Ort, Datum und eigenhändige Unterschrift.

Die Aufgaben und Pflichten eines Betreuers sind im Gesetz nur allgemein umrissen. Im Rahmen der ihm übertragenen Aufgabenkreise handelt der Betreuer weitgehend selbstständig und in eigener Verantwortung entsprechend der Vorgaben des Betreuungsrechts, die Betreuung zum Wohle des Betroffenen zu führen. Dabei hat der Betreuer den Wünschen des Betroffenen zu entsprechen, sofern diese nicht dessen Wohl zuwiderlaufen und dem Betreuer zuzumuten sind (§ 1901 Abs. 3 BGB).

**! Auch dann, wenn der Betreuer gegen den Willen des Betreuten handeln muss, hat er als Maßstab für sein Handeln das Recht des Betreuten auf ein Leben in Würde, Freiheit und Selbstbestimmung zu achten.**

Daraus ergibt sich, dass ein Betreuer die individuellen Vorstellungen und Wünsche des Betroffenen in aller Regel zu respektieren hat. Hierzu gehören auch Entscheidungen oder Handlungsweisen, die dem Betreuer als unvernünftig erscheinen mögen. Ein Recht für den Betreuer, gegen den Willen des Betroffenen zu handeln, ergibt sich erst, wenn höhere Güter, d. h. Leben und Gesundheit des Betroffenen, konkret gefährdet sind.

Zu den Pflichten eines Betreuers gehört es auch, dem Vormundschaftsgericht Umstände mitzuteilen, die eine Aufhebung der Betreuung bzw. die Einschränkung eines Aufgabenkreises ermöglichen. Dies gilt auch für die Erweiterung eines Aufgabenkreises, die Bestellung eines weiteren Betreuers oder die Anordnung eines Einwilligungsvorbehalts (§ 1901 Abs. 4 BGB).

## Einwilligung in ärztliche Maßnahmen

Nach dem Betreuungsrecht ist die Erteilung der Einwilligung zu einer Heilbehandlung durch einen Betreuer nur zulässig, sofern der Betreute nicht einwilligungsfähig ist. Hieraus ergibt sich, dass auch dann, wenn ein Betreuer mit dem Aufgabenkreis Zustimmung zur Heilbehandlung bestellt worden ist, der Betreuer nur anstelle des Betroffenen die Einwilligung erteilen darf, wenn der Betroffene in der aktuellen Situation nicht in der Lage ist, die Konsequenzen seiner Entscheidung zu erkennen und abzuwägen.

**! Kann der Betroffene die Tragweite seiner Entscheidung nach entsprechender Aufklärung über die geplante Behandlungsmaßnahme selbst beurteilen, sind auch aus therapeutischer Sicht unvernünftig erscheinende Entscheidungen des Patienten zu respektieren.**

## Ambulante Zwangsbehandlung

Unzulässig ist nach geltender Rechtslage die Einwilligung eine ambulante Zwangsbehandlung. Der Bundesgerichtshof (BGH) hat in seiner Entscheidung vom 11.10.2000 (Recht & Psychiatrie 2001, S. 46) klargestellt, dass es für die Genehmigung einer ambulanten Zwangsmedikation durch das Vormundschaftsgericht im Betreuungsrecht keine Rechtsgrundlage gibt. Danach ist »die gegen den Willen eines Betreuten in regelmäßigen, hier zweiwöchentlichen Zeitabständen durchzuführende Dauermedikation mit Neuroleptika (...) nicht nach BGB § 1906 Abs. 2 i. V. m. Abs. 1 Nr. 2 oder BGB § 1906 Abs. 4 genehmigungsfähig«.

Begründet wird dies im Wesentlichen mit dem Grundsatz der Verhältnismäßigkeit, wonach auch psychisch Kranken in gewissen Grenzen die »Freiheit zur Krankheit« belassen werden muss, sowie den Strukturprinzipien des Betreuungsrechts, wonach dem Betreuer nur ausnahmsweise in gesetzlich besonders geregelten Fällen Zwangsbefugnisse zur Verfügung stehen sollen.

Die Entscheidung des BGH nimmt die Grundprinzipien des Betreuungsrechts ernst und zeigt die Grenzen einer Gewaltausübung gegenüber psychisch kranken Menschen auf. Danach sollen dem Betreuer nur ausnahmsweise und in gesetzlich besonders geregelten Fällen Zwangsbefugnisse zur Verfügung stehen.

Es ist zu hoffen, dass die Diskussion um die ambulante Zwangsbehandlung damit beendet ist, nachdem der Gesetzgeber im Rahmen des 2. Betreuungsrechtsänderungsgesetzes von der ursprünglich geplanten Einführung einer Rechtsgrundlage für die ambulante Zwangsbehandlung abgesehen hat.

## Genehmigung durch das Vormundschaftsgericht

Der Betreuer benötigt bei der Einwilligung in Behandlungsmaßnahmen zusätzlich die Genehmigung des Vormundschaftsgerichts, »wenn die begründete Gefahr besteht, dass der Betreute aufgrund der Maßnahme stirbt oder einen schweren und länger dauernden gesundheitlichen Schaden erleidet. Ohne die Genehmigung darf die Maßnahme nur durchgeführt werden, wenn mit dem Aufschub Gefahr verbunden ist« (§ 1904 BGB). Unter diese Ausnahmeregelung fallen akute Behandlungsindikationen sowie schwere Gefahrensituationen, jedoch nicht die normale psychiatrische Behandlung im Akutbereich. Im Bereich der psychiatrischen Behandlungsmaßnahmen kommt z. B. eine Genehmigungspflicht bei der Elektrokrampftherapie (EKT) und grundsätzlich auch bei der Behandlung mit Psychopharmaka in Betracht.

**! Nach derzeitigem Stand ist insbesondere die Langzeitbehandlung mit Neuroleptika wegen der Gefahr der Spätfolgen genehmigungspflichtig.**

Da es sich bei diesen Maßnahmen um eine Behandlung ohne Einwilligung des Betroffenen handelt, ist eine Genehmigung durch das Vormundschaftsgericht nur unter Beachtung des Grundsatzes der Erforderlichkeit und Verhältnismäßigkeit zulässig, wobei das Wohl und die Wünsche des Betreuten (§ 1901 BGB) zu beachten sind. Die Wünsche des Betreuten können beispielsweise in einer Betreuungsverfügung, einem Patiententestament oder einer Behandlungsvereinbarung niedergelegt sein.

**! Auch bei anderen weitreichenden Eingriffen in die Persönlichkeitsrechte des Betreuten kann der Betreuer nicht in eigener Verantwortung entscheiden, sondern muss die Genehmigung des Vormundschaftsgerichtsgerichts einholen.**

Das gilt insbesondere für:

- eine Sterilisation des Betreuten (§ 1905 BGB);
- eine mit Freiheitsentziehung verbundene Unterbringung und freiheitsentziehende Maßnahmen durch den Betreuer (§ 1906 BGB; hierzu im Einzelnen → S. 196 ff.);
- die Kündigung der Wohnung des Betreuten (§ 1907 BGB).

Im Fall der §§ 1904 und 1906 BGB gilt die Genehmigungspflicht auch für den Bevollmächtigten. Genehmigungspflichten bestehen auch im Bereich der Vermögenssorge (§ 1908 i BGB i. V. m. §§ 1819 ff. BGB).

## Einleitung des Verfahrens

Zuständig für die Bestellung eines Betreuers ist das Vormundschaftsgericht des örtlichen Amtsgerichts. Die Einrichtung einer Betreuung wird in der Regel von Angehörigen und Mitarbeitern von Einrichtungen und Diensten beim Vormundschaftsgericht angeregt werden. Mitarbeiter von Einrichtungen haben dabei aber ihre Schweigepflicht (→S. 39 ff.) zu beachten, über die sie sich nur in einer Gefahrensituation (oder mit Einwilligung des Betroffenen) hinwegsetzen können.

Die Einleitung eines Betreuungsverfahren sollte in jedem Fall mit dem betroffenen Menschen besprochen werden, da es sich nicht um einen Antrag handelt, der wieder zurückgezogen werden kann. Wenn ein Betreuungsverfahren von Amts wegen eingeleitet wird, muss das Gericht dem Betroffenen mitteilen, dass ein Betreuungsverfahren eingeleitet worden ist, und ermitteln, ob die Voraussetzungen für eine Betreuerbestellung vorliegen.

Die Betreuung kann auch von der betroffenen Person selbst beantragt werden. Der Betroffene kann dabei auf die Erstellung eines ärztlichen Gutachtens verzichten und selbst ein ärztliches Zeugnis (Attest) vorlegen, aus dem die Notwendigkeit einer Betreuung hervorgeht. Das Gericht hat dann zu prüfen, ob die Voraussetzungen für die Bestellung eines Betreuers vorliegen. Dieses Verfahren hat für den Betroffenen den Vorteil, dass er selbst den Arzt bestimmen kann, der das ärztliche Zeugnis erstellt. Weiterhin ist die Betreuung auf Antrag des Betroffenen auch auf seinen Antrag wieder aufzuheben – es sei denn, dass zwischenzeitlich eine Betreuung von Amts wegen erforderlich geworden ist.

## Anhörung

Vor der Bestellung eines Betreuers hat das Gericht den Betroffenen in jedem Fall persönlich anzuhören und sich in der gewöhnlichen Umgebung des Betroffenen einen unmittelbaren Eindruck zu verschaffen. Die persönliche Anhörung kann nur unterbleiben, wenn nach ärztlichem Gutachten von der Anhörung erhebliche Nachteile für die Gesundheit des Betroffenen zu befürchten sind oder der Betroffene nach dem unmittelbaren Eindruck des Gerichts nicht in der Lage ist, seinen Willen kundzutun (§ 68 FGG).

Im Betreuungsverfahren ist auch Angehörigen (Ehegatten, Eltern, Kindern) Gelegenheit zur Äußerung zu geben. Hiervon ist nur abzusehen, wenn der Betroffene mit erheblichen Gründen widerspricht (§ 68 a FGG). Außerdem muss das Gericht die Anwesenheit einer Vertrauensperson während der Anhörung gestatten, wenn der Betroffene dies verlangt. Weiter hat der Betroffene das Recht, eine Anhörung der Betreuungsbehörde zu verlangen (siehe Sozialbericht der Betreuungsbehörde).

## Sachverständigengutachten

Schließlich muss vor der Bestellung eines Betreuers ein Sachverständigengutachten eingeholt werden (§ 68 b FGG). In der Regel wird vom Gericht ein Facharzt für Psychiatrie mit der Erstellung des Gutachtens beauftragt, der den Betroffenen persönlich zu untersuchen hat. Entsprechend den oben stehenden Voraussetzungen für eine Betreuerbestellung muss das Gutachten unter anderem Angaben zu den folgenden Fragen machen:

- Liegt bei dem Betroffenen eine psychische Krankheit, eine geistige oder seelische und/oder eine körperliche Behinderung vor?
- Ist die freie Willensbestimmung des Betroffenen aufgehoben?
- Welche konkreten Angelegenheiten kann der Betroffene deshalb nicht selbst besorgen, welche Aufgabenkreise kommen in Betracht?
- Welche Behandlungs- und Rehabilitationsmöglichkeiten bestehen?
- Wie lange wird die Krankheit oder Behinderung etwa fortbestehen?
- Welche anderen Hilfsmittel würden eine Betreuung ganz oder teilweise entbehrlich machen?
- Welche Verfügungen des Betroffenen (Vollmachten, Betreuungsverfügung, Patiententestament) sind zu berücksichtigen?

Nur mit Einwilligung des Betroffenen oder seines Verfahrenspflegers kann das Gericht ein im Rahmen der Feststellung der Pflegebedürftigkeit nach dem SGB XI (→S. 126ff.) erstelltes Gutachten des Medizinischen Dienstes der Krankenkassen (MDK) zugrunde legen. Diese Einwilligung sollte nur im Ausnahmefall erteilt werden, da es um sehr unterschiedliche Fragestellungen geht. In der Praxis wird von dieser Möglichkeit richtigerweise kaum Gebrauch gemacht.

## Sozialbericht der Betreuungsbehörde

Die örtliche Betreuungsbehörde bei der Stadt- oder Kreisverwaltung ist verpflichtet, auf Wunsch des Betroffenen oder nach Anordnung des Gerichts bei der Klärung der Frage mitzuwirken, ob eine Betreuung erforderlich ist (§ 68 a FGG). Hierzu wird von der Betreuungsbehörde ein Sozialbericht erstellt, in dem unter anderem:

- die soziale und gesundheitliche Situation,
- die konkreten Probleme in der Bewältigung der persönlichen Angelegenheiten,
- die derzeitigen Hilfen sowie
- notwendige weitere Hilfen darzustellen sind.

Ebenso sind Verfügungen (Betreuungsverfügung, Vollmacht, Patiententestament) zu berücksichtigen.

## Pflichten des Betroffenen

Für die Betroffenen gibt es im Betreuungsrecht keinerlei Verpflichtung, am Betreuungsverfahren – vor allem an der Begutachtung – aktiv mitzuwirken. Allerdings kann das Gericht ausnahmsweise für den Fall, dass der Betroffene jede Form der Mitwirkung verweigert, bestimmte Zwangsmaßnahmen veranlassen. Zur Durchsetzung der persönlichen Anhörung und zur Verschaffung eines unmittelbaren Eindrucks kann das Gericht den Betroffenen durch die Betreuungsbehörde vorführen lassen (§ 68 Abs. 3 FGG).

Das Gericht kann anordnen, dass der Betroffene zur Vorbereitung eines Gutachtens untersucht und durch die Betreuungsbehörde einer Untersuchung zugeführt wird, wenn er der Vorladung des Sachverständigen nicht freiwillig Folge leistet. Diese Anordnung ist in der Regel nicht anfechtbar (§ 68 b Abs. 3 FGG). Ausnahmsweise besteht die Möglichkeit der Beschwerde, wenn die Anordnung der Vorführung willkürlich ist, weil keine Anhaltspunkte für das Vorliegen einer Betreuungsbedürftigkeit bestehen (BGH Recht & Psychiatrie 2007 S. 143).

Erfordert die Erstellung des Gutachtens nach Auffassung eines Sachverständigen die Beobachtung über einen gewissen Zeitraum, kann das Gericht die zeitlich befristete Unterbringung zur Vorbereitung des Gutachtens anordnen (§ 68 Abs. 4 FGG). Gegen die Entscheidung über die Unterbringung kann Beschwerde eingelegt werden.

## Verfahrenspfleger

Sofern der Betroffene selbst keinen Rechtsanwalt oder einen anderen Verfahrensbevollmächtigten zur Vertretung seiner Interessen beauftragt hat, kann das Gericht einen Verfahrenspfleger einsetzen. Es ist sogar ausdrücklich dazu angehalten, wenn ein Betreuer für alle Aufgabenkreise bestellt werden soll. Von der Bestellung eines Verfahrenspflegers kann das Gericht nur absehen, »wenn ein Interesse des Betroffenen an der Bestellung des Verfahrenspflegers offensichtlich nicht besteht« (§ 67 FGG).

## Die einstweilige Anordnung

In eiligen Fällen mit unmittelbarem Handlungsbedarf reicht oft die Zeit für das vorstehend beschriebene Regelverfahren nicht aus. Das Gericht kann dann im Rahmen eines vereinfachten Verfahrens durch einstweilige Anordnung einen vorläufigen Betreuer bestellen oder einen vorläufigen Einwilligungsvorbehalt anordnen. Eine einstweilige Anordnung ist nur dann zulässig, wenn »dringende Gründe für die Annahme bestehen, dass die Voraussetzungen für die Bestellung eines Betreuers oder die Anordnung eines Einwilligungsvorbehalts gegeben sind und mit dem Aufschub Gefahr verbunden wäre, ein ärztliches Zeugnis über den Zustand des Betroffenen vorliegt, (...) und der Betroffene persönlich angehört worden ist« (§ 69f FGG). Die einstweilige Anordnung darf nur für einen Zeitraum von längstens sechs Monaten erfolgen. Nach Anhörung eines Sachverständigen kann sie durch weitere einstweilige Anordnungen bis zu einer Gesamtdauer von einem Jahr verlängert werden.

## Überprüfung der Betreuung

Bei der Bestellung eines Betreuers hat das Gericht auch den Zeitraum zu bestimmen, nach dessen Ablauf geprüft wird, ob die Voraussetzungen für die Bestellung eines Betreuers noch vorliegen. Dieser Zeitpunkt ist einzelfallbezogen festzulegen und spätestens sieben Jahre nach der Entscheidung über die Betreuerbestellung erreicht (§ 69 Abs. 1 Nr. 5 FGG). Auch vor Ablauf der festgelegten Fristen sind die Voraussetzungen der Betreuerbestellung zu überprüfen, wenn Veränderungen eintreten. Die Initiative hierfür kann von dem Betreuer ausgehen, der verpflichtet ist, alle Umstände mitzuteilen, die eine Aufhebung oder Einschränkung der Betreuung ermöglichen, aber auch von dem Betroffenen selbst oder einem Dritten. Soll nach Ablauf der vom Gericht gesetzten Überprüfungsfrist die Betreuung fortgeführt werden oder wird ein Antrag auf Erweiterung des Aufgabenkreises oder die Anordnung eines Einwilligungsvorbehalts gestellt, so gelten in der Regel die bereits beschriebenen Vorschriften für das Verfahren zur Bestellung eines Betreuers. Demgegenüber gelten für die Aufhebung und Einschränkung von Betreuungsmaßnahmen (§ 69i Abs. 3 FGG) Verfahrenserleichterungen: Das Gericht kann hier grundsätzlich von der erneuten Begutachtung des Betroffenen bzw. der Einreichung eines ärztlichen Zeugnisses sowie der Anhörung des Betroffenen absehen.

### Rechtsmittel

Gegen Entscheidungen des Vormundschaftsgerichts können grundsätzlich der Betroffene, der Betreuer und der Verfahrenspfleger Beschwerde einlegen. Betrifft die Entscheidung die Anordnung, Erweiterung, Einschränkung oder Aufhebung einer Betreuung oder eines Einwilligungsvorbehalts, können auch die Angehörigen sowie die zuständige Behörde Beschwerde einlegen (§ 69g FGG). Die Beschwerde gegen die Bestellung eines Betreuers oder die Anordnung eines Einwilligungsvorbehalts ist nach derzeitiger Rechtslage an keine Frist gebunden. Die Einzelheiten können der Rechtsmittelbelehrung entnommen werden.

Die Beschwerde hat keine aufschiebende Wirkung hat. Die Entscheidungen des Gerichts werden mit der Bekanntgabe an den Betreuer wirksam (§ 69a Abs. 3 FGG).

### Kosten der Betreuung

Für die im Zusammenhang mit einer Betreuung anfallenden Auslagen (Fahrtkosten, Porto, Telefon, Kopien etc.) kann ein ehrenamtlicher rechtlicher Betreuer Aufwendungsersatz verlangen (§ 1835 BGB). Ehrenamtliche Betreuer – und hierzu gehören auch Familienangehörige –, denen kein Anspruch auf Vergütung zusteht, können anstelle des einzeln nachzuweisenden Aufwendungsersatzes auch eine pauschale Aufwandsentschädigung (§ 1835 a BGB) in Höhe von 323 Euro jährlich geltend machen.

Ein berufsmäßig tätiger Betreuer hat einen Anspruch auf Vergütung (§ 1836 BGB). Die Höhe der Vergütung richtet sich nach der Qualifikation des Betreuers. Die Einzelheiten sind in dem am 1.7.2005 in Kraft getretenen Vormünder- und Betreuervergütungsgesetzes (VBVG) geregelt. Die Vergütung beträgt für jede anzusetzende Stunde mindestens 27 Euro und höchstens 44 Euro, wenn er besondere Kenntnisse durch eine abgeschlossene Ausbildung an einer Hochschule oder einer vergleichbaren Einrichtung erworben hat. Mit diesen Stundensätzen werden bei Berufsbetreuern alle entstandenen Aufwendungen sowie die anfallende Umsatzsteuer abgegolten. Er kann dabei nicht alle im Einzelfall erforderlichen Stunden in Rechnung stellen, sondern nur ein auf den Monat bezogenes pauschales Zeitkontingent (§ 5 VBVG). Dieses reicht von zwei bis achteinhalb Stunden und richtet sich nach der Dauer der Betreuung, dem Aufenthalt des Betreuten (im Heim oder nicht im Heim) sowie nach dessen Einkommen und Vermögen (mittellos oder nicht mittellos).

Bei diesen Pauschalen ist zu befürchten, dass gerade bei psychisch kranken Menschen mit häufigen Krisen oder komplexen Problemen die Betreuung nicht mehr im bisherigen Umfang und unter Beachtung des Grundsatzes der persönlichen Betreuung durchgeführt werden kann.

**! Der Anspruch eines Betreuers auf Aufwandsentschädigung oder Aufwendungsersatz bzw. auf Vergütung richtet sich in erster Linie gegen den Betreuten selbst, sofern er nicht mittellos ist.**

Der Betroffene gilt als mittellos, wenn er den Aufwendungsersatz oder die Vergütung des Betreuers aus seinem einzusetzenden Einkommen oder Vermögen nicht, nur teilweise oder in Raten oder nur im Wege gerichtlicher Geltendmachung von Unterhaltsansprüchen aufbringen kann (§ 1836 d BGB).

Ist der Betroffene mittellos, tritt die Staatskasse in Vorleistung. Erlangt der Betreute innerhalb eines Zeitraums von zehn Jahren ein Einkommen oder Vermögen, das die unten genannten Beträge übersteigt, kann die Staatskasse die Rückzahlung der Aufwendungen für die Vergütung des Berufsbetreuers verlangen. Dies kann zum Beispiel der Fall sein, wenn nach einer längeren Phase (wiederholter) psychischer Erkrankung und Arbeitslosigkeit wieder eine Erwerbstätigkeit aufgenommen oder durch Erbschaft ein Vermögen erlangt wird. Allerdings ist der Betreute nicht verpflichtet, von sich aus eine Änderung der Einkommens- und Vermögensverhältnisse mitzuteilen.

Das einzusetzende Einkommen oder Vermögen richtet sich gemäß § 1836c BGB nach den Regelungen des SGB XII (Einkommen nach §§ 82 ff. SGB XII, Vermögen nach § 90 SGB XII → S. 155 ff.). Sofern der Betreute Hilfe zum Lebensunterhalt oder Grundsicherung nach dem SGB XII erhält, oder Leistungen zur Sicherung des Lebensunterhalts nach dem SGB II erhält, ist regelmäßig von Mittellosigkeit auszugehen. Das gilt auch, wenn der Betroffenen in einem Heim lebt, bei dem die Kosten ganz oder teilweise von der Sozialhilfe getragen werden. Bei der Gewährung dieser Leistungen wird nämlich die Bedürftigkeit bereits vom jeweiligen Sozialleistungsträger geprüft und eine detaillierte Ermittlung des Einkommens und Vermögens ist nicht mehr erforderlich.

**INFO** Zum Betreuungsrecht haben sowohl das Bundesministerium für Justiz sowie zahlreiche Länder (dort zumeist die Justiz-, teilweise auch die Sozialministerien, siehe Anhang) Informationsbroschüren herausgegeben, die über Grundzüge des Betreuungsrechts informieren und Muster für Betreuungsverfügungen, teilweise auch Auszüge des Gesetzestextes sowie Adressen von Betreuungsbehörden und -vereinen enthalten. Da es an dieser Stelle nicht möglich ist, im Einzelnen die Stellen anzuführen, bei denen Information und Auskunft zum Betreuungsrecht und zu Betreuungsverfügungen erhältlich sind, hier nur ein allgemeiner Hinweis, wo man sich erkundigen kann:

- beim Vormundschaftsgericht (beim Amtsgericht; im Telefonbuch teilweise unter Justiz zu finden);
- bei der Betreuungsbehörde (bei der Stadt- oder Kreisverwaltung);
- bei Betreuungsvereinen (bei der Betreuungsbehörde oder den Wohlfahrtsverbänden zu erfragen).

Zum Betreuungsrecht gibt es inzwischen eine Vielzahl von Veröffentlichungen, darunter auch preiswerte Taschenbuchausgaben. Aus dieser Vielfalt sind besonders hervorzuheben:

Jürgens, A.; Kröger, D.; Marschner, R.; Winterstein, P.: Betreuungsrecht kompakt. 6. Aufl., München 2007.

Raack, W.; Thar, J.: Leitfaden Betreuungsrecht. Ein Ratgeber für Betroffene, Angehörige, Betreuer, Ärzte und Pflegekräfte. 4. Aufl., Köln 2005.

ZIMMERMANN, W.: Ratgeber Betreuungsrecht. München. Eine systematische Einführung in das Betreuungsrecht. München 2006.

ZIMMERMANN, W.: Betreuungsrecht von A–Z. München 2007. Informationen zum Betreuungsrecht – gegliedert in rund 450 Stichworte zum schnellen Nachschlagen.

Neben den als Einführung und Leitfäden konzipierten Veröffentlichungen gibt es inzwischen mehrere Kommentare (teilweise als fortlaufend aktualisierte Loseblattsammlung) zum Betreuungsrecht. Erwähnt seien hier insbesondere:

JÜRGENS, A.: Betreuungsrecht. Kommentar zum materiellen Betreuungsrecht, zum Verfahrensrecht und zum Vormünder- und Betreuervergütungsgesetz. Bearbeitet von A. JÜRGENS, R. MARSCHNER, B. KLÜSENER, U. MERTENS, P. WINTERSTEIN. 3. Aufl., München 2005.

KLIE, T. (Hg.): Heidelberger Kommentar zum Betreuungs- und Unterbringungsrecht (Loseblattsammlung). Heidelberg.

Viele Informationen – besonders für ehrenamtliche Betreuer – gibt es zudem auf der Website

http://www.wegweiser-betreuung.de/vorsorge/index.html ■

## Überblick

Zur Unterbringung psychisch Kranker in einem psychiatrischen Krankenhaus kommen unterschiedliche Rechtsgrundlagen in Betracht. Dabei ist zu unterscheiden zwischen der

- zivilrechtlichen Unterbringung im Rahmen einer gerichtlich angeordneten Betreuung auf der Grundlage der Regelungen des Bürgerlichen Gesetzbuchs;
- öffentlich-rechtlichen Unterbringung auf der Grundlage der landesrechtlichen Regelungen zur Unterbringung psychisch Kranker;
- strafrechtlichen Unterbringung auf der Grundlage der Bestimmungen des Strafgesetzbuchs (StGB).

In jedem Fall ist die Unterbringung mit einer Freiheitsentziehung verbunden.

Im Folgenden wird der Schwerpunkt der Darstellung auf die zivilrechtliche und die öffentlich-rechtliche Unterbringung gelegt, die für akut und chronisch psychisch kranke Menschen in erster Linie von Bedeutung ist. Dabei wird zunächst auf die jeweiligen rechtlichen Voraussetzungen und anschließend auf das Unterbringungsverfahren eingegangen.

### Voraussetzungen

Voraussetzung für eine Unterbringung ist zunächst, dass ein Betreuer bestellt worden ist (zu den Voraussetzungen der Bestellung eines Betreuers → S. 174 ff.), wobei diesem ausdrücklich die Aufgabenkreise Aufenthaltsbestimmung oder Unterbringung zugewiesen sein müssen. Weiterhin setzt eine mit Freiheitsentziehung verbundene Unterbringung voraus, dass der Betreuer die hierzu notwendige Genehmigung des Vormundschaftsgerichts eingeholt hat. Das Gericht hat dabei zu prüfen, ob die Voraussetzungen für eine Unterbringung entsprechend den Bestimmungen des Betreuungsrechts vorliegen.

Nach der gesetzlichen Regelung des § 1906 Abs. 1 BGB ist eine mit Freiheitsentziehung verbundene Unterbringung nur zulässig, »solange sie zum Wohl des Betreuten erforderlich ist,

- weil auf Grund einer psychischen Krankheit oder geistigen oder seelischen Behinderung des Betreuten die Gefahr besteht, dass er sich selbst tötet oder erheblichen gesundheitlichen Schaden zufügt, oder
- eine Untersuchung des Gesundheitszustandes, eine Heilbehandlung oder ein ärztlicher Eingriff notwendig ist, die ohne die Unterbringung des Betreuten nicht durchgeführt werden kann und der Betreute auf Grund einer psychischen Krankheit oder geistigen oder seelischen Behinderung die Notwendigkeit der Unterbringung nicht erkennen oder nicht nach dieser Einsicht handeln kann«.

**! Für die Gefahr der Selbsttötung und eines erheblichen gesundheitlichen Schadens müssen konkrete Anhaltspunkte vorliegen.**

Allein die Möglichkeit, dass ein erheblicher gesundheitlicher Schaden eintreten könnte, ist kein hinreichender Grund für eine Unterbringung. Die Gefahr eines erheblichen gesundheitlichen Schadens ist z.B. gegeben, wenn ein Betroffener infolge seiner psychischen Erkrankung oder geistigen oder seelischen Behinderung die Einnahme lebenswichtiger Medikamente verweigert (z.B. zur Behandlung einer Diabetes oder einer Herzerkrankung) oder planlos durch die Straßen irrt und Gefahr läuft, überfahren zu werden. Dagegen liegt noch kein ausreichender Grund für eine Unterbringung vor, wenn die Gefahr eines Rückfalls oder des Ausbruchs einer Psychose besteht oder sich der Betreute weigert, ärztlich verordnete Medikamente einzunehmen oder sich in Behandlung zu begeben.

Auch die Unterbringung mit dem Ziel der Untersuchung des Gesundheitszustandes, der Heilbehandlung oder eines ärztlichen Eingriffs (§ 1906 Abs. 1 Nr. 2 BGB) darf nur erfolgen, wenn anders die Gefahr einer ernsthaften gesundheitlichen Schädigung nicht abzuwenden ist. Dies gilt vor allem für Krankheiten, die nicht Anlass für die Bestellung eines Betreuers gewesen sind, beispielsweise bei Verdacht auf oder Vorliegen von Erkrankungen innerer Organe.

Die Unterbringung zur Behandlung einer psychischen Erkrankung ist nur zulässig, wenn die geplante Behandlung geeignet ist, den gewünschten Behandlungserfolg zu erreichen. Auch müssen die für den Betroffenen ohne Unterbringung und Behandlung eintretenden Nachteile so schwerwiegend sein, dass sie den der Freiheitsentziehung überwiegen. Zur Abwägung der Vor- und Nachteile sind daher zum einen Art, Inhalt und Dauer der Behandlungsmaßnahme darzustellen sowie zum anderen der Verlauf der Krankheit mit Unterbringung und Behandlung dem Verlauf der Erkrankung ohne Unterbringung gegenüberzustellen. Dabei sind auch die negativen psychischen Auswirkungen der Unterbringung und Behandlung auf den Betroffenen zu berücksichtigen. Besteht die geplante Behandlungsmaßnahme in einer Psychopharmakabehandlung, muss der mögliche therapeutische Nutzen gegenüber den Gesundheitsschäden abgewogen werden, die ohne diese Behandlung eintreten würden. Bestehende Möglichkeiten zur (ambulanten) Untersuchung oder Behandlung müssen ausgeschöpft sein, bevor eine Unterbringung in Betracht gezogen wird.

## Behandlung während der Unterbringung

Grundsätzlich gelten für die Behandlung während einer Unterbringung nach § 1906 BGB die oben beschriebenen Grundsätze für die Einwilligung des Betreuers in ärztliche Maßnahmen (→ S. 182 f.). Allerdings hat der Bundesgerichtshof (BGH) entschieden, dass der Betreuer im Rahmen seines Aufgabenkreises nicht nur grundsätzlich befugt ist, in ärztliche Maßnahmen gegen den natürlichen Willen eines einwilligungsunfähigen Betreuten einzuwilligen, sondern dass diese Befugnis ausnahmsweise auch das Recht umfasst, erforderlichenfalls einen der ärztlichen Maßnahme entgegenstehenden Willen des Betreuten zu überwinden (Recht & Psychiatrie 2006 S. 141). Dies bedeutet, dass der BGH in Ausnahmefällen eine Zwangsbehandlung im Zuge einer Unterbringung für zulässig hält (§ 1906 Abs. 1

Ziff. 2 BGB). Allerdings muss im Rahmen der erforderlichen Genehmigung der Unterbringung durch das Vormundschaftsgericht die beabsichtigte zwangsweise Behandlung so präzis wie möglich angegeben werden.

Es bleibt abzuwarten, inwieweit die Praxis sich an den engen Vorgaben des BGH hinsichtlich der Zulässigkeit einer Zwangsbehandlung bei der Unterbringung durch den Betreuer orientiert. Insoweit ist Skepsis geboten. Umso wichtiger ist es, dass Betroffene und Angehörige die Einhaltung der vom BGH vorgegebenen Kriterien einfordern.

## Öffentlich-rechtliche Unterbringung

Als öffentlich-rechtliche Unterbringung wird die Anordnung einer freiheitsentziehenden Unterbringung nach den landesrechtlichen Regelungen bezeichnet. Während in den meisten Bundesländern die Unterbringung und die vor- und nachgehenden Hilfen und Maßnahmen in den Landesgesetzen über »Hilfen und Schutzmaßnahmen für psychisch Kranke« (PsychKG) geregelt sind, gelten in vier Ländern (Baden-Württemberg, Bayern, Hessen, Saarland) noch Gesetze, die ausschließlich die Unterbringung regeln. Bei den landesrechtlichen Regelungen zur öffentlich-rechtlichen Unterbringung psychisch Kranker bestehen Unterschiede zwischen den einzelnen Gesetzen hinsichtlich der:

- Formulierung von Unterbringungsvoraussetzungen;
- Formulierung der Unterbringungsziele;
- Ausgestaltung des Verfahrens bei der sofortigen Unterbringung;
- Ausgestaltung der Hilfen und Maßnahmen.

Die öffentlich-rechtliche Unterbringung dient der Krisenintervention in akuten Krankheitsfällen, während die zivil-rechtliche Unterbringung eher chronisch psychisch kranke Menschen betrifft, die längerfristig auf die Bestellung eines Betreuers angewiesen sind.

## Hilfen nach PsychKG

In den PsychKG wird psychisch Kranken ein Recht auf Behandlung während der Unterbringung sowie auf vorsorgende und nachgehende Hilfen eingeräumt, die unter anderem darauf zielen sollen, eine (weitere) Unterbringung zu vermeiden. Die Durchführung der vorsorgenden und nachgehenden Hilfen ist eine Kernaufgabe der Sozialpsychiatrischen Dienste. Diese sind in den meisten Bundesländern organisatorisch den Gesundheitsämtern angegliedert, teilweise aber auch freien Trägern übertragen. In Baden-Württemberg und Bayern befinden sich Sozialpsychiatrische Dienste nahezu ausschließlich in freier Trägerschaft.

## Untersuchung durch das Gesundheitsamt

Einige landesrechtliche Regelungen sehen vor, dass das Gesundheitsamt Personen verpflichten kann, sich ärztlich untersuchen zu lassen, wenn gewichtige Anhaltspunkte dafür vorliegen, dass eine psychische Erkrankung oder Störung vorliegt, in deren Folge eine Unterbringung in Betracht kommt. Das Gesundheitsamt hat dabei zunächst die betroffene Person aufzufordern, sich in die Behandlung eines Arztes zu begeben und diesen Arzt zu ermächtigen, das Gesundheitsamt von der Behandlungsaufnahme zu unterrichten. Wird diese Aufforderung nicht befolgt, kann das Gesundheitsamt einen Hausbesuch durchführen oder die betroffene Person durch die zuständige Behörde zur Untersuchung im Gesundheitsamt vorführen lassen.

## Voraussetzungen einer Unterbringung

Die Gründe, die zu einer Unterbringung führen können, sind im Kern allen Unterbringungsgesetzen gemeinsam:

**! Eine Zwangsunterbringung ist nur zur Abwendung einer Selbst- oder Fremdgefährdung zulässig.**

Allerdings werden die Kriterien in den einzelnen Gesetzen unterschiedlich präzise gefasst: Während beispielsweise das hessische »Gesetz über die Entziehung der Freiheit geisteskranker, geistesschwacher, rauschgift- oder alkoholsüchtiger Personen« eine »erhebliche Gefahr für Mitmenschen« oder eine nicht näher beschriebene erhebliche »Gefahr für sich selbst« zur Bedingung macht, können nach dem PsychKG des Landes Berlin nur Lebensgefahr und ernsthafte Gesundheitsschäden sowie eine erhebliche Gefahr für besonders bedeutende Rechtsgüter anderer eine Unterbringung begründen.

Eine weitere Gemeinsamkeit aller Landesgesetze besteht darin, dass eine Unterbringung nur zulässig ist, wenn die Selbst- oder Fremdgefährdung nicht anders abgewendet werden kann. Hieraus ergibt sich, dass vor einer Zwangsunterbringung alle möglichen Alternativen, insbesondere die in den PsychKG, aber auch im Sozialgesetzbuch geregelten Hilfen auszuschöpfen sind.

Überall gilt auch, dass die unzureichende Inanspruchnahme psychiatrischer Hilfen oder die Weigerung, sich in ärztliche Behandlung zu begeben oder ärztlich verordnete Medikamente regelmäßig einzunehmen, allein noch keine hinreichende Grundlage für eine Unterbringung gegen den Willen des Betroffenen sind.

## Behandlung während der Unterbringung

Bei den landesrechtlichen Bestimmungen zur Unterbringung gibt es sowohl ein Recht der Betroffenen auf Behandlung als auch Regelungen zur Zwangsbehandlung.

**! Voraussetzung für eine Zwangsbehandlung ist in der Regel, dass der Betroffene einwilligungsunfähig und die Zwangsbehandlung medizinisch notwendig und unaufschiebbar ist und sich auf die Erkrankung bezieht, die zur Einweisung geführt hat.**

So enthält beispielsweise das Bayerische Unterbringungsgesetz eine Regelung, wonach der Untergebrachte »unaufschiebbare Behandlungsmaßnahmen, die nach den Regeln der ärztlichen Kunst geboten sind, zu dulden hat, soweit sie sich auf die psychische Erkrankung oder Störung des Untergebrachten beziehen oder zur Aufrechterhaltung der Sicherheit und Ordnung in der Einrichtung notwendig sind. In diesem Rahmen kann unmittelbarer Zwang angewendet werden«. Dabei dürfen allerdings »ärztliche Eingriffe und Behandlungsverfahren (...), die mit einer erheblichen Gefahr für Leben oder Gesundheit verbunden sind oder die Persönlichkeit in ihrem Kernbereich verändern können, (...) nur mit rechtswirksamer Einwilligung des

Untergebrachten oder – falls er die Bedeutung und Tragweite des Eingriffs und der Einwilligung nicht beurteilen kann – desjenigen, dem die Sorge für die Person obliegt, vorgenommen werden«.

Im Einzelnen unterscheiden sich allerdings die gesetzlichen Regelungen für die Zwangsbehandlung in den Bundesländern.

## Unterbringungsverfahren

Seit Inkrafttreten des Betreuungsrechts gilt für die Unterbringung im Rahmen des Betreuungsrechts wie auch der Landesgesetze zur Unterbringung psychisch Kranker ein einheitliches Verfahrensrecht, das im Gesetz über die Angelegenheiten der freiwilligen Gerichtsbarkeit (§§ 70–70n FGG) geregelt ist. Es sieht als Regelfall eine richterliche Entscheidung vor der Unterbringung vor.

Neben dem gerichtlichen Verfahren ist in der Praxis das in den Landesgesetzen zur Unterbringung psychisch Kranker geregelte Verfahren zur sofortigen Unterbringung von großer Bedeutung. Dieses erfolgt in der Regel im Rahmen eines behördlichen Verfahrens und ermöglicht in akuten Krisen eine Zwangsunterbringung bis zu 24 Stunden ohne richterlichen Beschluss.

### Regelverfahren

Das reguläre Unterbringungsverfahren durch das Vormundschaftsgericht ist mit umfangreichen Verfahrensgarantien ausgestattet. Von großer Bedeutung ist die Bestellung eines Verfahrenspflegers zur Wahrnehmung der Interessen des Betroffenen (→ S. 188).

Nachdem ein Antrag auf Unterbringung beim Gericht gestellt worden ist, hat das Gericht vor der Unterbringung

- dem Betroffenen einen Verfahrenspfleger zu bestellen, wenn er seine Interessen nicht selbst vertreten kann und keinen Bevollmächtigten (z. B. einen Rechtsanwalt) mit der Interessenwahrnehmung beauftragt hat (§ 70 b FGG); falls dem Betroffenen ausnahmsweise kein Pfleger für das Verfahren bestellt wurde, ist dies in der Unterbringungsentscheidung zu begründen (§ 70 b Abs. 2 FGG);
- den Betroffenen persönlich anzuhören und sich einen unmittelbaren Eindruck von ihm zu verschaffen, möglichst in seiner üblicher Umgebung (§ 70 c FGG);
- den mit dem Betroffenen zusammenlebenden Familienangehörigen und ggf. einer vom Betroffenen benannten Vertrauensperson Gelegenheit zur Anhörung zu geben (§ 70 d FGG);
- ein Sachverständigengutachten einzuholen (in der Regel von einem Arzt für Psychiatrie), wobei der Arzt den Betroffenen persönlich untersuchen oder befragen muss (§ 70 e FGG).

Wenn es zu einem Unterbringungsbeschluss kommt, muss dieser die nähere Bezeichnung der Unterbringungsmaßnahme und die vorgesehene Dauer (höchstens ein Jahr, bei offensichtlich langer Unterbringungsdauer höchstens zwei Jahre) sowie eine Rechtsmittelbelehrung enthalten (§ 70 f FGG). Auch wenn das Gericht den Antrag auf Unterbringung ablehnt, ist die Entscheidung zu begründen (§ 70 f FGG).

### Vorläufige Unterbringung durch einstweilige Anordnung

In dringenden Fällen kann eine Unterbringungsmaßnahme auf Antrag der zuständigen Behörde oder des Betreuers vom Gericht auch im Rahmen einer einstweiligen Anordnung genehmigt werden (§ 70 h FGG). Hierbei gilt grundsätzlich die gleiche Verfahrensweise wie beim regulären Unterbringungsverfahren. Allerdings genügt anstelle des Sachverständigengutachtens ein ärztliches Zeugnis (§§ 70 h, 69 f FGG).

In seltenen Ausnahmefällen kann das Gericht auf die vorherige Anhörung des Betroffenen, die Einsetzung eines Verfahrenspflegers sowie die Anhörung von Angehörigen oder Vertrauenspersonen verzichten. Diese Verfahrenshandlungen sind dann unverzüglich, spätestens am folgenden Tag, nachzuholen.

Die Unterbringung auf der Grundlage einer einstweiligen Anordnung darf sechs Wochen nicht überschreiten. Nach Anhörung eines Sachverständigen kann durch eine weitere einstweilige Anordnung die Unterbringung bis zu einer Gesamtdauer von drei Monaten verlängert werden.

## Die sofortige Unterbringung durch den Betreuer

In Situationen, die ein schnelles Handeln erfordern und in denen das Gericht nicht erreichbar ist, kann der Betreuer selbst die Unterbringung veranlassen, er darf sie allerdings nicht mit Gewalt gegen den Betroffenen durchsetzen. Voraussetzung ist, dass mit dem Aufschub der Unterbringung Gefahren für das Leben oder die Gesundheit des Betroffenen verbunden sind. Der Betreuer hat dann unverzüglich einen Antrag auf einstweilige Unterbringung beim Gericht nachzureichen. Das Gericht muss dann das Vorliegen der Unterbringungsvoraussetzungen schnellstmöglich unter Beachtung der oben genannten Verfahrensschritte überprüfen.

Die landesrechtlichen Regelungen zur Unterbringung psychisch Kranker (PsychKG, Unterbringungsgesetze) enthalten in allen Bundesländern Bestimmungen zur sofortigen Unterbringung bei akuter Selbst- oder Fremdgefährdung. Diese Unterbringung erfolgt in der Regel im Rahmen eines behördlichen Verfahrens. Danach kann die nach Landesrecht zuständige Behörde (zumeist das Ordnungsamt, in einigen Bundesländern auch die Polizei) eine sofortige Unterbringung in einem psychiatrischen Krankenhaus ohne vorherige gerichtliche Genehmigung vornehmen. Zu den Voraussetzungen für die sofortige Unterbringung gehört ein ärztliches Zeugnis, wobei sich hier aus den einzelnen Landesgesetzen unterschiedliche Anforderungen hinsichtlich des Zeitpunkts der Erstellung des Attests ergeben.

**! Im Falle einer sofortigen Unterbringung ist in allen Bundesländern unverzüglich beim Amtsgericht ein Antrag auf Unterbringung zu stellen.**

Bei der sofortigen Unterbringung auf der Grundlage der landesrechtlichen Regelungen ergibt sich – wie auch bei der sofortigen Unterbringung durch den Betreuer – eine Situation, bei der die verfahrensrechtlichen Schutzgarantien zunächst nicht zur Anwendung kommen: So kann ein Betroffener in der Regel bis zu 24 Stunden ohne gerichtliches Verfahren und damit ohne die Möglichkeit, sich rechtlich Gehör zu verschaffen, in einem psychiatrischen Krankenhaus untergebracht werden. Nach Ablauf der in den Landesgesetzen geregelten Frist ist der Betroffene allerdings zu entlassen, wenn nicht inzwischen vom Gericht eine Unterbringung angeordnet worden ist.

Aus den vorliegenden Daten zur Unterbringungspraxis nach den landesrechtlichen Bestimmungen ergibt sich, dass das als Regelfall vorgesehene Verfahren so gut wie nie eingehalten wird. In der überwiegenden Zahl der Unterbringungsverfahren erfolgt zunächst eine sofortige Unterbringung ohne richterliche Entscheidung, bevor – zumeist im Rahmen der einstweiligen Anordnung – über die Unterbringung durch das Gericht entschieden wird.

Diese Situation hat weitreichende Folgen für das gerichtliche Verfahren: Das Regelverfahren sieht vor, dass sich das Gericht vor einer Unterbringungsmaßnahme unter anderem einen persönlichen Eindruck von dem Betroffenen – nach Möglichkeit in dessen gewohnter Umgebung – verschaffen und nach Anhörung des Betroffenen sowie weiterer Personen und Einholung eines ärztlichen Gutachtens die Notwendigkeit einer Unterbringung klären soll. Bei einer Zwangseinweisung steht das Gericht vor einer völlig anderen Entscheidungssituation. Die Anhörung findet nicht nur im psychiatrischen Krankenhaus statt, wenn bereits mit einer Behandlung begonnen wurde, ist für das Gericht zumindest nicht mehr anhand des persönlichen Eindrucks vom Betroffenen zu klären, ob die Voraussetzungen für eine Unterbringung bereits zum Zeitpunkt der sofortigen Unterbringung vorgelegen haben.

Gegen den Unterbringungsbeschluss steht insbesondere dem Betroffenen, daneben aber auch Familienangehörigen, der Vertrauensperson und den Behörden, denen im Verfahren Gelegenheit zur Anhörung gegeben wurde, die sofortige Beschwerde zu (§ 70m FGG). Die Beschwerde kann schriftlich innerhalb von zwei Wochen – unter Angabe des Aktenzeichens des Unterbringungsbeschlusses – beim zuständigen Amtsgericht eingelegt werden. Hierbei sollte nicht nur dargelegt werden, welche Behandlungsmöglichkeiten ohne Unterbringung bestehen, sondern möglichst auch ein Arzt benannt werden, der bereit ist, die Behandlung zu übernehmen oder zu bescheinigen, dass die Voraussetzungen für eine Unterbringung nicht (mehr) vorliegen.

## ■■■ Aufhebung der Unterbringung

Eine Unterbringungsmaßnahme ist aufzuheben, wenn ihre Voraussetzungen entfallen (§ 70i FGG). Eine Unterbringung auf der Grundlage der landesrechtlichen Regelungen ist also aufzuheben, wenn bei dem Betroffenen Selbst- oder Fremdgefährdung infolge einer psychischen Erkrankung nicht mehr besteht. Über den Fortfall der Unterbringungsvoraussetzungen hat das Krankenhaus das Gericht unverzüglich zu informieren. Daneben hat auch der Betroffene das Recht, beim Gericht die Aufhebung der Unterbringung zu beantragen. Der Antrag ist formlos unter Angabe des Aktenzeichens des Unterbringungsbeschlusses an das zuständige Amtsgericht zu richten. Darüber hinaus kann das Krankenhaus nach Fortfall der Unterbringungsvoraussetzungen den Betroffenen umgehend beurlauben, falls das

Gericht nicht erreichbar ist, um die Unterbringung formell aufzuheben.

## Strafrechtliche Unterbringung

Wie andere Menschen begehen auch psychisch kranke Menschen Straftaten. In diesem Fall kann eine strafrechtliche Unterbringung in einem psychiatrischen Krankenhaus erfolgen, wenn jemand im Zustand der Schuldunfähigkeit (§ 20 StGB) oder der verminderten Schuldfähigkeit (§ 21 StGB) eine Straftat begangen hat und zu erwarten ist, dass er auch in Zukunft aufgrund seiner psychischen Krankheit erhebliche Straftaten begehen wird und deswegen für die Allgemeinheit gefährlich ist (§ 63 StGB).

**! Erforderlich ist also eine in die Zukunft gerichtete Prognoseentscheidung.**

Die Unterbringung erfolgt ohne zeitliche Befristung und wird einmal jährlich überprüft. Suchtkranke Straftäter können in einer Entziehungsanstalt untergebracht werden, wenn aufgrund der Abhängigkeit die Gefahr weiterer erheblicher Straftaten besteht (§ 64 StGB). Die Unterbringung ist in diesem Fall aber meistens auf maximal zwei Jahre begrenzt.

Eine strafrechtliche Unterbringung kann bereits bei der Anordnung unter besonderen Voraussetzungen – z. B. verbunden mit der Weisung, sich einer bestimmten Behandlung zu unterziehen – zur Bewährung ausgesetzt werden. Die weitere Vollstreckung der Unterbringung ist dann zur Bewährung auszusetzen, wenn zu erwarten ist, dass der Untergebrachte außerhalb des Maßregelvollzugs keine Straftaten mehr begehen wird (§ 67 d Abs. 2 StGB).

Für eine günstige Prognose ist die Behandlung nach der Entlassung aus dem Maßregelvollzug von entscheidender Bedeutung. Zur deren Sicherstellung entstehen zunehmend forensische Ambulanzen und auch Wohngemeinschaften, da die aus dem Maßregelvollzug entlassenen psychisch kranken Menschen häufig keinen Platz in anderen Einrichtungen finden.

Es kann auch auf der Grundlage der Strafprozessordnung (StPO) eine einstweilige Unterbringung in einem psychiatrischen Krankenhaus angeordnet werden, wenn bei einer Straftat dringende Gründe für die Annahme vorliegen, dass eine Unterbringung in einem psychiatrischen Krankenhaus oder einer Entziehungsanstalt angeordnet werden wird (§ 126 a StPO). Soll bei einem Beschuldigten ein Gutachten über seinen psychischen Zustand erstellt werden, kann er auch zu diesem Zweck bis zu sechs Wochen in einem psychiatrischen Krankenhaus untergebracht werden (§ 81 StPO).

Weitere Regelungen zum Vollzug der strafrechtlichen Unterbringung enthalten die Maßregelvollzugsgesetze bzw. Unterbringungsgesetze der Länder.

**INFO** Im Unterschied zu zahlreichen anderen Rechtsbereichen kann zum Thema Unterbringung nicht auf Informationsbroschüren oder auf »allgemeine Beratungsangebote« verwiesen werden (siehe auch Interessenwahrnehmung und Interessenvertretung).

In einigen Ländern sind im Rahmen der Psychiatrieplanung bzw. der Psychiatrieberichterstattung Informationsbroschüren herausgegeben worden, in denen teilweise auch der Text des PsychKG bzw. des Unterbringungsgesetzes dokumentiert ist. Für einige Bundesländer liegen Kommentierungen des jeweiligen PsychKG/UBG vor. Sofern am Ort (z.B. beim Sozialpsychiatrischen Dienst) keine Informationen hierzu erhältlich sind, kann beim Sozial- und Gesundheitsministerium des Landes (siehe Anhang) nachgefragt werden.

Im Bereich der weiterführenden und vertiefenden Literatur zum Thema Unterbringung sind zu nennen:

MARSCHNER, R.; VOLCKART, B.: Freiheitsentziehung und Unterbringung. München 2001.

Kommentar, in erster Linie für Juristen. Das einzige Werk, das sich umfassend und eingehend mit den Regelungen zur Unterbringung auseinandersetzt – einschließlich der Unterbringungsgesetze der Länder, dem Vollzug der Unterbringung und den im Rahmen der Unterbringung zulässigen (Behandlungs-)Maßnahmen.

HOFFMANN, B.; KLIE, T.: Freiheitsentziehende Maßnahmen. Unterbringung und unterbringungsähnliche Maßnahmen in Betreuungsrecht und -praxis. Heidelberg 2004. ■

# TEIL IV Wege zum Recht

## Überblick

Recht haben und Recht bekommen ist nicht immer dasselbe. Grundsätzlich muss jeder Einzelne selbst sich über seine Rechte informieren, seine Interessen wahrnehmen und seine Rechte geltend machen. Daneben gibt es für bestimmte Bereiche auch gesetzlich geregelte Kontrollinstanzen, z.B. die Heimaufsicht für den Bereich von Heimen, die Besuchskommissionen für den Bereich psychiatrischer Krankenhäuser sowie die Bestellung von Verfahrenspflegern bei Unterbringungs- und Betreuungsverfahren. In jedem Fall muss man aber seine Rechte erst einmal kennen. Dabei ist besonders bei komplizierten Rechtslagen oder bei einschneidenden Eingriffen wie der Unterbringung die Inanspruchnahme professioneller Hilfe sinnvoll und oft auch erforderlich. Dies muss nicht zwangsläufig mit Kosten verbunden sein.

Angesichts der vielfältigen, nicht nur im psychiatrischen Bereich bestehenden Probleme von unzulänglichen Informationen im Gesundheitswesen besteht bereits seit Längerem die Forderung nach Schaffung von »Patientenunterstützungsstellen«, »Ombudspersonen« und »Beschwerdestellen«, die eine unabhängige Information der Betroffenen und eine nachhaltige Interessenvertretung bieten sollen. Wenngleich inzwischen vielerorts über die Einrichtung einer solchen Interessenvertretung im psychiatrischen Bereich diskutiert wird, so ist der Aufbau bislang erst an wenigen Orten gelungen.

Die Krankenhausgesetze der meisten Bundesländer sehen die Bestellung von Patientenfürsprechern für den Bereich der Krankenhäuser vor. In einigen Bundesländern ist die Einsetzung von Patientenfürsprechern auch im Landesgesetz über Hilfen und Schutzmaßnahmen für psychisch Kranke (PsychKG) geregelt, etwa in Berlin und Thüringen. Im PsychKG des Landes Thüringen wird die Aufgabe des Patientenfürsprechers wie folgt beschrieben: »Durch regelmäßige Besuche wirkt der Patientenfürsprecher auf die Einhaltung menschenwürdiger Unterbringungs- und Behandlungsverhältnisse hin. Er hat jederzeit Zugang zu allen Räumen der geschlossenen Stationen und Betreuungsbereiche. Der Patientenfürsprecher prüft Wünsche und Beschwerden der Patienten. Bei Anregungen oder Beanstandungen berät er die Mitarbeiter der Einrichtungen. Der Patientenfürsprecher wird in Rechtsfragen von dem zum Richteramt befähigten Mitglied der Besuchskommission beraten. Werden schwerwiegende Mängel bei der Unterbringung oder Behandlung festgestellt, informiert der Patientenfürsprecher hierüber den ärztlichen Leiter der Einrichtung, den für die Einrichtung zuständigen Träger und das Ministerium für Gesundheit und Soziales.« (§ 26 ThürPsychKG)

Daneben besteht die Möglichkeit, an den Petitionsausschuss des Landtags zu schreiben oder sich mit Beschwerden an den Krankenhausträger zu wenden. In Nordrhein-Westfalen sind etwa bei den Landschaftsverbänden als Trägern der psychiatrischen Fachkrankenhäuser Beschwerdestellen eingerichtet worden. Die Situation und Entwicklung von Instanzen zur Mitwirkung und Interessenvertretung in den einzelnen Bundesländern weist nicht nur erhebliche Unterschiede auf, sondern ist insgesamt noch sehr unbefriedigend, auch wenn die Stärkung der Patientenrechte erklärtes Ziel der Bundesregierung ist.

**INFO** Eine Liste der Beschwerdestellen und Patientenfürsprecher findet sich unter http://www.beschwerde-psychiatrie.de/ ■

## Heimbeirat

In Heimen erfolgt die Mitwirkung der Bewohner »in Angelegenheiten des Heimbetriebs wie Unterkunft, Betreuung, Aufenthaltsbedingungen, Heimordnung, Verpflegung und Freizeitgestaltung« durch einen Heimbeirat. Für die Zeit, in der ein Heimbeirat nicht gebildet werden kann, sind die Aufgaben durch einen ehrenamtlich tätigen Heimfürsprecher wahrzunehmen. Die Einzelheiten zur Bildung, zur Wahl und zu den Aufgaben der Heimbeiräte sowie Heimfürsprecher sind in der Heimmitwirkungsverordnung geregelt.

Als Heime definiert das Gesetz Einrichtungen, die ältere, pflegebedürftige oder behinderte Menschen aufnehmen, ihnen Wohnraum überlassen sowie Betreuung und Verpflegung zur Verfügung stellen, dabei in ihrem Bestand von Wechsel und Zahl der Bewohnerinnen und Bewohner unabhängig sind und entgeltlich betrieben werden. Damit fallen nicht nur Wohnheime und Pflegeheime unter die Regelungen des Heimgesetzes, sondern auch Übergangseinrichtungen und Rehabilitationseinrichtungen für psychisch Kranke (RPK), wenn sie die vorstehend genannten Voraussetzungen erfüllen.

Gegebenenfalls kann dies auch für betreute Wohngemeinschaften gelten, wenn Betreuung und Wohnraumüberlassung miteinander verknüpft sind. Ausdrücklich ausgenommen von der Geltung des Heimgesetzes sind Krankenhäuser sowie Internate von Berufsbildungs- und Berufsförderungswerken. Änderungen können sich durch die neuen, in Arbeit befindlichen Heimgesetze der Bundesländer ergeben, die nunmehr für das Heimrecht zuständig sind.

**INFO** Grundinformationen zu Heimgesetz, Heimvertrag und den Rechten als Heimbewohner enthält die vom Bundesministerium für Familie, Senioren, Frauen und Jugend herausgegebene und dort (siehe Anhang) kostenlos erhältliche Broschüre »Ihre Rechte als Heimbewohnerinnen und Heimbewohner«. Sie ist auch im Internet herunterzuladen unter:
http://www.bmfsfj.de/RedaktionBMFSFJ/Broschuerenstelle/Pdf-Anlagen/PRM-24415-Text-Ihre-Rechte-als-Heimbewoh,property=pdf.pdf ■

## Information und Beratung zu Patientenrechten

Die Krankenkassen können ihre Mitglieder bei Behandlungsfehlern unterstützen, insbesondere durch die Aufklärung über Möglichkeiten zur Durchsetzung von Rechten bei ärztlichen Pflichtverletzungen. Sie informieren des Weiteren über alle in Anspruch genommenen Leistungen, die Herausgabe von medizinischen Unterlagen und die Begutachtung durch den Medizinischen Dienst der Krankenversicherung. Teilweise bieten auch Verbraucherzentralen sowie die an einigen Orten bestehenden Patientenstellen Information und Unterstützung an.

**INFO** Ende 2003 wurde die Stelle einer Patientenbeauftragten eingerichtet, die sich auf Bundesebene um die Rechte der Patientinnen und Patienten kümmern und deren Gewicht im politischen Entscheidungsprozess erhöhen soll; Kontakt:

info@die-patientenbeauftragte.de, Postanschrift: Wilhelmstraße 49, 10117 Berlin, Telefon: (0 18 88) 44 10.
Die über das Bundesministerium für Gesundheit erhältliche kostenlose Broschüre »Patientenrechte in Deutschland«, die von Vertretern der Patienten- und Ärzteverbände, der gesetzlichen und privaten Krankenversicherungen, den freien Wohlfahrtsverbänden sowie der Gesundheitsminister- und Justizministerkonferenz erarbeitet wurde, informiert über die wesentlichen Rechte und Pflichten im Rahmen der medizinischen Behandlung. Der Text ist auch im Internet verfügbar unter:
http://www.bmg.bund.de/download/broschueren/A407.pdf.
Weiterhin hat das Bundesministerium für Gesundheit eine Internetseite zu den Rechten der Patienten eingerichtet:
http://www.bmg.bund.de/deu/gra/themen/gesundheit/rechte/index.php ■

## Rechtswahrnehmung und Vertretung in behördlichen und gerichtlichen Verfahren

Entscheidungen der Krankenkasse, der Arbeitsagentur oder des Sozialamts, die man als ungerecht ansieht, muss man nicht akzeptieren. Wenn ein Antrag abgelehnt worden ist und die Gründe für die Ablehnung nicht mitgeteilt wurden oder nicht nachvollziehbar sind, sollte nachgefragt oder überlegt werden, ob es Sinn macht, gegen die Ablehnung Widerspruch einzulegen.

Bescheide über die Gewährung oder Ablehnung einer Sozialleistung müssen eine Rechtsbehelfsbelehrung enthalten, in der auch eine Widerspruchsfrist angegeben ist. Diese beträgt in der Regel einen Monat ab Zugang. Fehlt diese Belehrung, beträgt die Frist zum Einlegen eines Widerspruchs ein Jahr.

**Wie man Widerspruch einlegt**

Der Widerspruch ist schriftlich bei der Behörde einzulegen. Für einen fristgerechten Widerspruch genügt zunächst ein formloses Schreiben nach dem Muster: »Hiermit lege ich gegen den Bescheid vom ... Widerspruch ein. Die Begründung des Widerspruchs wird nachgereicht.« Der Widerspruch sollte dann sorgfältig begründet werden.

Über den Widerspruch wird durch einen Widerspruchsbescheid entschieden. Wird der Widerspruch zurückgewiesen, besteht die Möglichkeit, innerhalb eines Monats nach Zugang bei dem zuständigen, in der Rechtsmittelbelehrung bezeichneten Gericht Klage einzulegen. In sozialrechtlichen Angelegenheiten ist dies meistens das Sozialgericht, das zuständig ist für Fragen aus dem Bereich der Kranken-, Pflege-, Renten-, Unfallversicherung, der Sozialhilfe, des Arbeitsförderungsrechts und Teilen des Schwerbehindertenrechts.

In eiligen Fällen kann auch ein Antrag auf einstweilige Anordnung gestellt werden. Dies betrifft vor allem Leistungen zum Lebensunterhalt sowie die Kostenübernahme für Einrichtungen, da hier der reguläre Verlauf des Widerspruchs- und Klageverfahrens viel zu lange dauern würde.

Bei der Geltendmachung und vor allem der Durchsetzung rechtlicher Ansprüche kann ein in dem entsprechenden Rechtsgebiet (z. B. Sozialrecht, Betreuungsrecht) erfahrener Rechtsanwalt helfen. Adressen von Anwälten mit einschlägigen Erfahrungen bzw. Arbeitsschwerpunkten können bei den örtlichen Rechtsanwalts- und Notarkammern erfragt werden.

Personen mit geringem Einkommen können zur Rechtsberatung die Beratungshilfe und bei einem gerichtlichen Verfahren Prozesskostenhilfe in Anspruch nehmen. Für die Beantragung von Beratungs- und Prozesskostenhilfe ist ein Formular »Erklärung über die persönlichen und wirtschaftlichen Verhältnisse« auszufüllen. Maßgeblich für die Bewilligung von Beratungs- und Prozesskostenhilfe sind die in einer Tabelle zur Zivilprozessordnung festgelegten Einkommenssätze. Die Beratungshilfe ermöglicht gegen eine Gebühr von 10 Euro (die erlassen werden kann) Auskunft, Rat und Vertretung außerhalb eines gerichtlichen Verfahrens (z. B. in einem Widerspruchsverfahren) durch einen Rechtsanwalt in Angelegenheiten des:

- Zivilrechts (z. B. Kaufrecht, Unterhaltssachen, Versicherungsrecht),
- Arbeitsrechts (z. B. Kündigung des Arbeitsverhältnisses),
- Verwaltungsrechts (z. B. Jugendhilfe, Wohngeld),
- Sozialrechts, (z. B. Sozialversicherung, Sozialhilfe),
- Verfassungsrechts (z. B. Verfassungsbeschwerden wegen Grundrechtsverletzungen).

Für die Beratungshilfe ist ein Antrag beim zuständigen Amtsgericht zu stellen, das einen Berechtigungsschein ausstellt, mit dem dann ein Anwalt eigener Wahl aufgesucht werden kann. Man kann auch direkt einen Anwalt aufsuchen und nachträglich beim Amtsgericht den Antrag stellen.

Hierzu gibt es Ausnahmen: In den Ländern Bremen und Hamburg gibt es eine öffentliche Rechtsberatung. Die Beratung durch Anwälte nach dem Beratungshilfegesetz ist hier nicht möglich.

**! Für die Bewilligung von Prozesskostenhilfe muss das Gerichtsverfahren hinreichende Erfolgsaussichten bieten.**

Die Prozesskostenhilfe übernimmt – je nach Einkommens- und Vermögensverhältnissen – voll oder teilweise den eigenen Anteil der anfallenden Gerichtskosten sowie die Kosten des eigenen Anwalts. Nicht übernommen werden jedoch die Kosten, die gegebenenfalls dem Gegner zu erstatten sind.

**! Wer einen Prozess verliert, muss in der Regel auch dann die Kosten des Gegners bezahlen, wenn ihm selbst Prozesskostenhilfe bewilligt wurde. Da Verfahren bei den Sozialgerichten gerichtskostenfrei sind und sich die Behörden in aller Regel selbst vertreten, ist das Risiko, auf Kosten sitzen zu bleiben, bei sozialrechtlichen Angelegenheiten jedoch gering.**

Der Antrag auf Prozesskostenhilfe ist bei dem für das Verfahren zuständigen Gericht zu stellen.

Zunehmend Verbreitung gefunden haben auch die Rechtsschutzversicherungen, vor allem die sogenannten Familienrechtsschutzversicherungen, die Anwalts- und Gerichtskosten übernehmen. Hier ist allerdings sorgfältig der Leistungsumfang zu prüfen. Verfahren vor Sozialgerichten sind in der Regel von der Rechtsschutzversicherung abgedeckt.

Eine spezielle Rechtschutzversicherung für den Bereich des Sozialrechts hat die Bundesarbeitsgemeinschaft Hilfe für Behinderte (siehe Anhang) mit einem Versicherungsunternehmen vereinbart, die von jedem Mitglied aus dem Verbandsbereich der Bundes- oder einer Landesarbeitsgemeinschaft Hilfe für Behinderte abgeschlossen werden kann.

**INFO** Weitere Informationen zur Beratungs- und Prozesskostenhilfe enthält die vom Bundesministerium der Justiz (s. Anhang) herausgegebene und kostenlos zu beziehende Broschüre »Guter Rat ist nicht teuer – Das Beratungshilfegesetz und das Gesetz über die Prozesskostenhilfe«. Sie ist im Internet herunterzuladen unter: http://www.bmj.de/media/archive/958.pdf. ■

## Interessenvertretung in Betreuungs- und Unterbringungsverfahren

Da die Betroffenen häufig nicht über einen eigenen Rechtsanwalt verfügen oder keine in diesen Fragen erfahrene Vertrauensperson kennen, die sie als Verfahrensbevollmächtigte bestimmen könnten, ist die Bestellung eines Verfahrenspflegers grundsätzlich eine wichtige Rechtsschutzgarantie. Das Gesetz über die Angelegenheiten der Freiwilligen Gerichtsbarkeit sieht, »soweit dies zur Wahrnehmung der Interessen des Betroffenen erforderlich ist«, im Betreuungsverfahren (§ 67 FGG) und auch im Unterbringungsverfahren (§ 70 b FGG) die Bestellung eines Verfahrenspflegers vor. Die Bestellung eines Verfahrenspflegers ist grundsätzlich nicht notwendig, wenn der Betroffene selbst einen Verfahrensbevollmächtigten (z. B. Rechtsanwalt) bestellt hat.

Die Aufgaben sowie die Mitwirkungsrechte und -pflichten von Verfahrenspflegern sind weder im Betreuungsrecht noch in den Bestimmungen des Unterbringungsrechts ausdrücklich geregelt. Darum ist die Praxis der Aufgabenwahrnehmung sehr unterschiedlich. Erforderlich ist eine engagierte Interessenvertretung mit vorheriger Kontaktaufnahme zu der betroffenen Person und Klärung der Situation vor der richterlichen Anhörung. Inzwischen haben zwar einige professionell tätige Verfahrenspfleger eine Art »Anforderungsprofil« bezüglich der Kenntnisse und Arbeitsweisen erarbeitet, dieses stellt jedoch keine verbindliche Leitlinie für die Verfahrenspfleger dar.

**! Eine wichtige Voraussetzung für eine Interessenvertretung ist, dass sie rechtzeitig bestellt wird, damit ein schneller Kontakt zu dem Betroffenen hergestellt werden kann.**

Hierbei ergeben sich vor allem bei den Unterbringungsverfahren nach den landesrechtlichen Regelungen regelmäßig Probleme, weil dem gerichtlichen Unterbringungsverfahren meistens schon eine sofortige Unterbringung vorausgegangen ist. Um bessere Voraussetzungen für die Interessenvertretung zu schaffen, wäre eine unmittelbare Erreichbarkeit erforderlich, wie sie in Österreich durch die Patientenanwälte gewährleistet ist, die ihre Büros in den psychiatrischen Krankenhäusern haben. Eine solche Lösung ist in Deutschland allerdings noch nicht in Sicht.

Die Kosten für einen vom Gericht bestellten Verfahrenspfleger müssen von den Betroffenen übernommen werden, sofern keine Mittellosigkeit besteht. Für Unterbringungs- und Betreuungsverfahren sollte man daher nach Möglichkeit selbst einen Prozessbevollmächtigten (z. B. Rechtsanwalt) einsetzen, zu dem man Vertrauen hat, und bei Vorliegen der Voraussetzungen Prozesskostenhilfe (→ S. 220) beantragen.

## Adressen

### Bundesministerien und Bundesbehörden

**Bundesministerium für Gesundheit,**
Wilhelmstraße 49, 10117 Berlin, Tel.: (0 18 88) 44 10, E-Mail: info@bmg.bund.de, Internet: www.bmg.bund.de
Informationen zur Krankenversicherung, Pflegeversicherung, Sozialhilfe, Eingliederung Behinderter.

**Bundesministerium für Arbeit und Soziales,**
Mohrenstr. 62, 10117 Berlin, E-Mail: info@bmas.bund.de, Internet: www.bmas.bund.de
Informationen zur Arbeitsförderung, Arbeitslosenversicherung.

**Bundesministerium für Familie, Senioren, Jugend und Frauen,**
Alexanderplatz 6, 10178 Berlin, Tel.: (0 18 88) 555-0, E-Mail: poststelle@bmfsfj.bund.de, Internet: www.bmfsfj.bund.de
Informationen unter anderem zum Kinder- und Jugendhilfegesetz, Heimgesetz.

**Bundesministerium der Justiz,**
Mohrenstraße 37, 10117 Berlin, Tel.: (0 18 88) 580-0, E-Mail: poststelle@bmj.bund.de, Internet: www.bmj.bund.de
Informationen zum Betreuungsrecht, zum Beratungshilfegesetz.

**Beauftragter der Bundesregierung für die Belange der Behinderten,**
11017 Berlin, Tel.: (0 18 88) 527 29 44,
E-Mail: info@behindertenbeauftragter.de,
Internet: www.behindertenbeauftragter.de
Informationen zur Gleichstellung behinderter Menschen, SGB IX, Behindertenberichte.

**Der Bundesbeauftragte für den Datenschutz,**
Husarenstraße 30, 53117 Bonn, Tel.: (0 18 88) 77 990,
E-Mail: poststelle@bfd.bund.de,
Internet: www.bundesdatenschutzbeauftragter.de
Informationen zum Bundesdatenschutzgesetz, Schutz der Sozialdaten.

**Die Patientenbeauftragte der Bundesregierung,**
Wilhelmstr. 49, 10117 Berlin, Tel.: (0 18 88) 441-0,
E-Mail: info@die-patientenbeauftragte.de,
Internet: www.die-patientenbeauftragte.de
Informationen zu den Patientenrechten.

## Selbsthilfeorganisationen und -verbände

**Nationale Kontakt- und Informationsstelle für Selbsthilfegruppen (NAKOS),**
Wilmersdorfer Straße 39, 10627 Berlin,
Tel.: (0 30) 31 01 89 60, E-Mail: selbsthilfe@nakos.de,
Internet: www.nakos.de
Informationsbroschüren und Materialien, unter anderem Adressverzeichnisse von örtlichen Selbsthilfe-Kontaktstellen sowie Selbsthilfe-Vereinigungen und Gruppen.

**Bundesarbeitsgemeinschaft der Patientenstellen,**
c/o Gesundheitsladen München e. V., Auenstraße 31, 80469 München, Tel.: (0 89) 76 75 51 31,
E-Mail: mail@patientenstellen.de,
Internet: www.patientenstellen.de
Anschriften von Patientenstellen, Informationsbroschüren zu Patientenrechten.

**Bundesarbeitsgemeinschaft Hilfe für Behinderte e. V.,**
Kirchfeldstraße 149, 40215 Düsseldorf,
Internet: www.bag-selbsthilfe.de
Informationsbroschüren zu Rechtsfragen sowie einzelnen Krankheits-/Behinderungsarten, Rechtsschutzversicherung. Landesarbeitsgemeinschaften bestehen in allen Bundesländern. Eine individuelle Beratung ist nicht möglich.

**Bundesverband Psychiatrie-Erfahrener,**
Wittener Str. 87, 44789 Bochum, Tel.: (02 34) 68 70 55 52,
kontakt-info@bpe-online.de, Internet: www.bpe-online.de

**Familien-Selbsthilfe Psychiatrie** (Bundesverband der Angehörigen psychisch Kranker e. V.), Oppelner Str. 130, 53119 Bonn,
Tel.: (02 28)63 26 46, Fax: (02 28)65 80 63,
E-Mail: bapk@psychiatrie.de, Internet: www.psychiatrie.de
Bei Anfragen an die Selbsthilfeverbände bitte immer Rückporto beilegen.

## Psychiatrie-Verbände

**Aktion Psychisch Kranke e. V.,**
Oppelner Str. 130, 53119 Bonn, Tel.: (02 28) 67 67 40,
Fax: (02 28) 67 67 42, E-Mail: apk@psychiatrie.de,
Internet: www.psychiatrie.de/apk

**Dachverband Gemeindepsychiatrie e. V.,**
Oppelner Str. 130, 53119 Bonn,
Tel.: (02 28) 63 26 46, Fax: (02 28) 65 80 63,
E-Mail: dachverband@psychiatrie.de,
Internet: www.psychiatrie.de/dachverband

**Deutsche Gesellschaft für Soziale Psychiatrie e. V.,**
Zeltinger Str. 9, 50969 Köln, E-Mail: dgsp@psychiatrie.de,
Internet: www.psychiatrie.de/dgsp

## Literatur

Auf Literatur und Informationsbroschüren zu speziellen Rechtsbereichen ist bereits in den jeweiligen Kapiteln hingewiesen worden. Dementsprechend beschränkt sich die nachfolgende Übersicht zum einen auf allgemeine Hinweise zum Auffinden von Literatur, zum anderen auf Veröffentlichungshinweise, die für mehrere Rechtsbereiche von Bedeutung sind.

### Gesetzestexte

Im Einzelfall kann es hilfreich sein, selbst in den Gesetzestext Einblick zu nehmen: Die meisten Gesetzestexte sind als preiswerte Taschenbuchausgabe im Buchhandel erhältlich. Da – vor allem Sozialgesetze – immer wieder geändert werden, ist auch die Einsichtnahme in (Stadt-)Büchereien zu empfehlen, die meist recht gut ausgestattet sind und in der Regel auch über Kommentare zu den wichtigsten Gesetzen verfügen. Daneben sind die meisten Sozialgesetze – zumindest auszugsweise – auch in Informationsbroschüren der Bundesregierung bzw. der Ministerien dokumentiert und auch im Internet verfügbar (siehe Adressen). Die Landesgesetze für psychisch Kranke (die Unterbringungsgesetze, Gesetze über Hilfen und Schutzmaßnahmen) werden jeweils in den Gesetz- und Verordnungsblättern der Länder veröffentlicht. Teilweise sind die Gesetzestexte in Informationsbroschüren der Sozial- und Gesundheitsministerien der Länder zur psychiatrischen Versorgung dokumentiert. Eine Zusammenstellung der Landesgesetze (Stand 2001) enthält der Kommentar von Marschner und Volckart, Freiheitsentziehung und Unterbringung (München 2001) sowie von Deinert, Das Recht der psychisch Kranken (Köln 2000).

## Zeitschriften

Die **»Psychosoziale Umschau«** informiert Psychiatrie-Erfahrene, Angehörige psychisch Kranker, Bürgerhelfer, Beschäftigte im Gesundheitswesen sowie Fachleute in Verwaltung und Politik. Herausgegeben wird sie vom Bundesverband der Angehörigen psychisch Kranker sowie vom Dachverband Gemeindepsychiatrie. Der Bundesverband Psychiatrie-Erfahrener gestaltet eine eigene Rubrik in jeder Ausgabe. Die »Psychosoziale Umschau« ist die auflagenstärkste interdisziplinäre Psychiatrie-Zeitschrift im deutschsprachigen Raum. Internet:
www.verlag.psychiatrie.de/zeitschriften/psu.

**»Recht & Psychiatrie«** ist die führende interdisziplinär ausgerichtete Fachzeitschrift, die sich mit Rechtsfragen in der Psychiatrie beschäftigt. Internet:
www.verlag.psychiatrie.de/zeitschriften/rp.

Beide Zeitschriften erscheinen vierteljährlich im Psychiatrie-Verlag, Thomas-Mann-Str. 49a, 53111 Bonn, Tel.: (0228) 72534-0, Fax: (0228) 72534-20, E-Mail: verlag@psychiatrie.de, Internet: www.psychiatrie-verlag.de.

## Leitfäden und Handbücher

Bundesarbeitsgemeinschaft für Rehabilitation (Hg.): Arbeitshilfe für die Rehabilitation psychisch Kranker und Behinderter. Frankfurt/Main 2003. (Bezug über: Bundesarbeitsgemeinschaft für Rehabilitation, Walter-Kolb-Straße 9–11, 60594 Frankfurt/Main, E-Mail: info@bar-frankfurt.de).
Die Broschüre enthält neben Informationen über psychische Erkrankungen und Behinderungen, Möglichkeiten und fachliche Standards der Behandlung und Rehabilitation, Übersichten zu den verschiedenen Hilfeangeboten und sozialrechtliche Grundlagen (Download: http://www.bar-frankfurt.de/pdf/AHPsysch.pdf).

Bundesverband der Angehörigen psychisch Kranker e. V. (Hg.): Mit psychisch Kranken leben. Rat und Hilfe für Angehörige psychisch Kranker. Bonn 2007.
Der Ratgeber informiert über psychische Krankheiten, Psychopharmakabehandlung, psychotherapeutische Verfahren, die verschiedenen psychiatrischen Hilfeangebote, zentrale Rechtsfragen, die Angehörigenbewegung und Möglichkeiten der Selbsthilfe Angehöriger.

Bundesministerium für Arbeit und Soziales (Hg.): Ratgeber für Behinderte.

Die fortlaufend aktualisierte und kostenlos erhältliche Broschüre gibt einen Überblick über die in Betracht kommenden Sozialleistungen (Rehabilitation, Pflege, Bildung, Beruf und Arbeit) sowie praktische Tipps zu Nachteilsausgleichen für Schwerbehinderte (Steuererleichterungen, Erleichterungen im öffentlichen Personenverkehr sowie bei der Kfz-Nutzung) und enthält – teilweise in Auszügen – die wichtigsten gesetzlichen Bestimmungen und Verordnungen. Auf Besonderheiten bei psychischer bzw. seelischer Behinderung wird nicht eingegangen.

BAG Selbsthilfe: Die Rechte behinderter Menschen und ihrer Angehörigen. Bezug: BAGH, Kirchfeldstraße 142, 40215 Düsseldorf.

Systematischer, umfassender und fortlaufend aktualisierter Überblick über die Rechtsansprüche behinderter und chronisch kranker Menschen auf Sozialleistungen, der auch Sonderprobleme bei verschiedenen Behindertengruppen – darunter psychisch Kranke – aufgreift.

Bundesarbeitsgemeinschaft der Patientenstellen (Adresse → S. 226): Patientenrechte – Ärztepflichten. Schutzgebühr 4 Euro inkl. Porto und Verpackung.

Informationsbroschüre zu Patientenrechten und Arztpflichten, in der auch auf Wege und Möglichkeiten der Geltendmachung von Rechten eingegangen wird, die beschritten werden können, wenn der Arzt seine Pflichten nicht erfüllt. Besonderheiten bei psychischen Erkrankungen (z. B. Einschränkung des Rechts auf Einsicht in die Behandlungsunterlagen) werden allerdings nicht berücksichtigt. Die Broschüre ist auch unter dem Stichwort Information/Broschüren aus der Website der Patientenstellen herunterzuladen.

Verbraucherzentrale Hamburg (Hg.): Patientenratgeber – Ärztepflichten, Patientenrechte, Kosten, Patientenverfügung, Organspende.
Im Mittelpunkt des Ratgebers, der Hilfestellung bei selbstbewusster Nutzung von Dienstleistungen im Gesundheitswesen geben will, stehen die Rechte von Patienten und die Pflichten von Ärzten und Krankenkassen. Er ist in allen Verbraucherzentralen erhältlich.

BRÜHL, A. u.a., Handbuch Sozialrechtsberatung, 2. Aufl. Baden-Baden 2007.
Das Handbuch wendet sich zwar an Praktiker des Sozialrechts und damit an Professionelle, gibt aber einen vollständigen aktuellen Überblick über das gesamte Sozialrecht.

## K



## L



## M



## N